Toni Schwarz

Rudolphos Mordsideen

Episoden aus dem Leben eines überkreativen Rentners

Toni Schwarz

Rudolphos Mordsideen

Episoden aus dem Leben eines überkreativen Rentners

Rediroma-Verlag

Bibliografische Information der Deutschen Nationalbibliothek:
Die Deutsche Nationalbibliothek verzeichnet diese Publikation in der Deutschen Nationalbibliografie; detaillierte bibliografische Daten sind im Internet über http://dnb.ddb.de abrufbar.

ISBN 978-3-96103-118-4

www.rediroma-verlag.de
9,95 Euro (D)

Inhalt

Vorwort

Vorsicht,
dieses Buch kann Spuren von Humor enthalten!

Jede Ähnlichkeiten mit lebendigen oder toten Personen, Tieren oder Gegenständen wären (fast) rein zufällig, verantwortungslos und würden an ein Wunder grenzen.

Lesen auf eigene Gefahr!

Der Autor übernimmt keine Verantwortung für kurzfristige Lachanfälle, Schmunzel-Allergien oder plötzlichem heftigen Kopfschütteln, die beim Lesen dieses Buches auftreten.

Sehr geehrte(r) Lektor(in),

vermutlich würde ein Telefongespräch mit Ihnen anders verlaufen.

NICHT MIT RUDOLPHO!

Schon als Kind träumte er, einmal einen selbstverfassten Bestseller in seinen Händen zu halten. Bei Mitschülern und Lehrern waren seine Aufsätze und Gedichte immer *der* Brüller! Der junge Rudolpho genoss es, damit regelmäßig im Mittelpunkt zu stehen, wobei es ihm egal war, dass alle meinten, er habe einen Badscher[1].

Mit einundzwanzig Jahren wagt er es, seine Gedichtsammlung an einen großen deutschen Verlag zu senden. Wochenlang wartet er vergeblich auf eine Antwort. Bevor seine Nervenstränge reißen, ruft er dort an. Zwanzig Minuten später wird er das fünfte Mal weiterverbunden. Er will gerade ausholen, um den Telefonhörer an die Wand zu klatschen, da hört er eine hohe Frauenstimme flöten:

„Chaos und Fiasko-Verlag Berlin, Stumpf, was kann ich für Sie tun?“

„Hallo Frollein, sind Sie nu‘ endlich die Richdiche für mich?“

„Junger Mann, Sie müssen sich verwählt haben. Wir sind ein Verlag und keine Partnervermittlung.“

Sie macht Anstalten aufzulegen. Hastig plärrt Rudolpho in seinem seltsamen Hätzfelder-Hochdeutsch:

„Haaaaalt emal, das wess ich doch. Ich wollt mich doch auch nur über'n Stand ääh… wegen meinem Manusgribd äääähhhh…

[1] Der Ausdruck Badscher stammt aus dem schwäbischen Sprachgebrauch und bezeichnet einen Teppichklopfer. In diesem Fall bedeutet „einen Badscher haben“ soviel wie „einen an der Klatsche haben“ oder „nicht ganz dicht sein“.

ich meine wegen meinem Bestsellerwerk erkundig'n. Lieg' ich da bei Ihnen edwa ned richdig?"

Die neugierig gewordene weibliche Stimme klingt mitleidsvoll:

„Falls ich Sie jetzt nicht falsch verstanden habe, liegen Sie in diesem Fall bei mir richtig. Mein Name ist Anette Stumpf und ich bin hier die Lektorin."

„Anedde ist aber ein schöner Name. Frollein Anedde, könnten Sie mir jetzt bidde auch *an nedden* Gefallen tun und mir endlich sag'n, was aus meinem Manusgribd geword'n ist, das ich Ihnen gesendet hab'?"

„Junger Mann, wir bekommen täglich hunderte Manuskripte und die meisten davon landen in unserem Papierkorb."

Er lacht:

„Meines haben Sie bestimmt ned in ihren Babierkorb geworfen!"

„Das meinen alle!"

„Nee nee Frollein, ned weil's ein Meisterwerk ist. Es ist nur so, ich hab' Ihnen über zweitaus'nd Seiten gesendet und die pass'n bestimmt ned in Ihr'n überfüllten Babierkorp!"

„Warum sollen die nicht in den Papierkorb passen?"

„Na, weil ich das selber getested habe, bevor ich's in des Mords-Bäckle[2] reingelegt hab'."

„Wann haben Sie uns Ihre zweitausend Seiten gesendet? Ach, und wie war Ihr Name?"

„Ich bin der Rudolpho Schmidd aus Würzburch-Hädzfeld[3] - Schmidd mit zwei harden ‚d'. G'schickt hab' ich Ihnen mein Werk vor edwa viereinhalb Woch'n."

„Und wie heißt Ihr Werk?"

„Jooo, genannd hab' ich's *Schniedel-Woods!*"

Betretenes Schweigen.

---

[2] Fränkisches Riesenpaket

[3] Würzburg/Stadtteil Heidingsfeld

„Sagten Sie Ihr Werk heißt *Schniedel-Woods*?"

Scheinbar ist die Anette nicht alleine in ihrem Büro, Rudolpho vernimmt über seinen Telefonhörer im Hintergrund ein notunterdrücktes Kichern und Prusten.

„Na freilich! *Schniedel-Woods!*"

„Ähhm, wie kommt man auf so einen ääh… sagen wir einmal ungewöhnlichen Titel?"

„Och, das is ganz einfach; wegen meinem Gedicht drin über Adam und Eva."

„Ach, sagen Sie mir bitte mal flott den Anfang, vielleicht kann ich mich dann erinnern?"

„Gern Froillein Anedde, der Anfang geht so: *Der Adam und die Eva tut's – am liebsten in den Schniedel-Woods!"*

Nach längerem betretenem Schweigen fügt er hinzu:

„Aber wenn Ihnen der Dit'l nicht zusagt, kann ich mein Werk auch noch umbenennen. Zum Beispiel in *Schmidds scharfe Verse*!"

Nach noch längerem Schweigen wiederholt sie:

„Schmitts… scharfe… Verse?"

Wieder vernimmt er durch seinen Telefonhörer notunterdrücktes Gekicher. Als sie antwortet, bemerkt Rudolpho, dass sich Anette nur mit größter Mühe ihr Lachen verbeißen kann.

„Lieber Herr Schmitt mit den zwei Harten, darf ich Ihnen einen guten Rat geben?"

„Na, aber bidde!"

„Wenn ich so schreiben könnte wie Sie, würde ich an Ihrer Stelle nichts mehr arbeiten."

„Wirglich?"

Rudolpho rutscht erwartungsvoll auf seinem Stuhl hin und her.

„Ja wirklich, aber *schreiben* würde ich an Ihrer Stelle auf gar keinen Fall mehr eine einzige Zeile."

Durch den Hörer vernimmt er gellendes Gelächter, bevor er ihn auf die Gabel knallt.

Nach diesem erniedrigenden Telefongespräch muss er sich erst wieder fassen. Dabei hatte er sich solche Mühe gemacht mit seinen zeitlos schönen Reimen wie:

Missverständnisse - sind früh bekannt,
schon in der Bibel wurden sie genannt.
Adam sagte zu Eva ganz verstohlen,
sie soll ihm doch einen runterholen.
Sah zwar diese große Schlange,
doch sie hatte Haare, blonde, lange.
So holte sie dann froh und munter
vom Baum den Apfel ihm herunter.
Als der Herr bemerkte, was er hat erschaffen,
klagt er, die sind ja dümmer noch als Affen.
So 'ne dumme Kuh, hat er gesagt
und sie aus dem Paradies verjagt.
Und wegen dieser dummen Kuh
leben wir heut' so - ich und du.

Wie gerne hätte er dieses Lehrstück an Dichtkunst der Anedde vorgetragen. Frustriert mottet er seine alte Olympia-Schreibmaschine ein. Erst nachdem in den 1990er Jahren der Computer in die Haushalte Einzug hält, denkt er wieder daran, noch einmal in aller Ruhe heimlich und nebenbei seine Autorenlaufbahn aufzubauen.

Wird Rudolphos Traum, ein Bestsellerautor zu werden, jemals in Erfüllung gehen? Ob er ahnt, in welch gefährliche Situationen er sich deswegen begibt?

Der Beruf

Rudolphos berufliche Tätigkeiten sind wenig spektakulär. Nach dem Mittelschulabschluss verbuchte er einige Misserfolge als selbstständiger Unternehmer. Dann war er als Vertriebsbeauftragter zu verschiedenen Zeiten für unterschiedliche Firmen unterwegs. Bewaffnet mit einem Monsterstaubsauger und Loriots Spruch „Es saucht und bläst der Heinz'lmann, wo Muddi sonst nur sauch'n kann" hangelte er sich mühevoll von Haustüre zu Haustüre. Bald machte er die schmerzvolle Erfahrung, dass der Saug- und Blasmarkt nicht sehr lukrativ ist. Mit dem Gedanken „Staubsaugen kann man sein lassen aber nicht ein dringendes Bedürfnis" sattelte er um auf Brillenvertreter. Täglich hastete er zu mindestens fünf Sanitärgeschäften, um seine Designerklobrillen vorzustellen. Wiederum musste er feststellen, dass auch dies äußerst nervig und wenig kostendeckend ist. Während dieser Klobrillenzeit hatte er viel Scheiß durchgemacht.

Endlich, in den letzten zehn Jahren seines Berufslebens, hat Rudolpho eine Tätigkeit gefunden, die einem kreativen Kindskopf wie ihm Spaß macht. Im Außendienst für den großen deutschen Hersteller *Spielwaren-Caspar* fühlt er sich gut aufgehoben. Nebenbei darf er auch mit der Entwicklungsabteilung neue Spiele für Personen in der Altersgruppe zwischen zwei und hundertzwei Jahren entwerfen. So erfindet er das entzückende Gesellschaftsspiel *Schlag den Nachbarn.* Die Regeln sind einfach, aber genial. Start, Ziel und Ablauf ähneln dem klassischen *Mensch ärgere dich nicht.* Rudolpho hat den Spielablauf mit viel Liebe zum Detail modifiziert.

Wenn ein Spieler eine Eins, Zwei, Drei, Vier oder Fünf würfelt, darf er mit seinem Holzklotz die entsprechende Anzahl Felder auf dem Spielbrett weiterrutschen, bis er das rettende Ziel erreicht. Der markante Unterschied zu *Mensch ärgere dich nicht* besteht darin, dass derjenige, der eine Sechs würfelt, erstmal seinen Holzblock auf Start zurücksetzen muss und zusätzlich seinem Nachbarn, der rechts neben ihm sitzt, eine kräftige Watsche geben darf. Außerdem gibt es da noch diese lustigen Ereignisfelder. Wenn man mit seinem Holzklotz dort drauf rutscht, hat man eine Karte zu ziehen und muss die Aufgabe erfüllen, die auf diesem blauen Kärtchen steht. Zum Beispiel: *Hose runter - einen Regenwurm essen - dem Nachbarshund auf den Schwanz treten* oder *alle Spielfiguren aufessen* (an dieser Stelle ist das Spiel logischerweise automatisch beendet). Hat man Glück und deckt eine grüne Karte auf, darf man seinem linken Sitznachbarn eine pfeffern. Hat man Pech und sie zeigt eine rote Farbe, bezieht man seinerseits vom rechten Sitznachbarn eine gepfefferte Watsche.

Also ein sehr lustiges und unterhaltsames Spielchen für die ganze Familie und den Bekanntenkreis. Leider wird das Spiel bei Amazon relativ schlecht bewertet, weil angeblich nach und nach die Freunde wegbleiben. Solche Niederlagen entmutigen Rudolpho nicht - im Gegenteil, es motiviert ihn jedes Mal mehr, noch interessantere Spiele zu entwickeln.

Zum Beispiel das *Bonsai-Mikado*. Ein Geschicklichkeitsspiel für daheim und für die Reise. Der Bausatz besteht aus einer Dose Zahnstocher, die man mit den beigefügten Ölfarben samt Minipinsel individuell selbst anmalen kann. Genial daran ist, dass man sich während des Mikado-Spiels mit diesen Stäbchen die Zähne reinigen kann. Verkaufszahlen zu diesen Spielen werden leider nicht bekanntgegeben.

Der Zusammenbruch

Die *gelbe Gefahr* breitet sich auch im Spielwarengeschäft aus und so kaufen die Leute lieber giftiges Billigst-Spielzeug aus Fernost als die qualitativ bessere, aber teurere Ware aus der heimischen Produktion. Schon Konfuzius wusste: „Weil Kinder besser wissen, was gut für sie ist, lasst Kinder arbeiten für Kinder!“ So nehmen mit den Umsätzen Rudolphos Provisionen sowie seine Nervenstränge stetig ab.

An einem Mittwochabend um 22:15 Uhr sitzt der vom Tagesgeschehen gestresste Rudolpho in seinem Chaos-Arbeitszimmer, um seinen Wochenbericht und die Touren für die kommenden Tage vorzubereiten. Unter meterhohen Papiertürmen auf seinem - na, sagen wir mal Schreibtisch - findet er endlich seinen Firmen-Laptop. Er stößt einen lauten Seufzer aus und drückt die Einschalttaste. Bis dieser Blechidiot hochgefahren ist, laufen in seinem Kopfkino sämtliche Versäumnisse des Tages ab. Grantig murmelt er in sich hinein:

„Mist, dem Düd‘l[4] seinen Wochenbericht hab’ ich auch noch ned gemailt.“

Geistesabwesend starrt Rudolpho auf die grelle Mattscheibe des elektronischen Quälgeistes. Dabei döst er ein. Ein schwerer Fehler!

Im Traum erscheint ihm eine schwarze Mamba. Bedrohlich richtet sich die Bestie auf. Er vernimmt ihr unheimliches Zischen und Fauchen. Wie der Blitz schnellt sie mit aufgerissenem schwarzen Maul auf ihn zu. Sie klammert sich mit ihren schar-

[4] Zur Erklärung und für Nichtfranken:
Düdel ist ein unterfränkisches Kosewort und bedeutet so viel wie Idiot. Mit Düd‘l betitelt Rudolpho in diesem Fall seinen Chef.

fen Beißerchen zwischen seinem stahlblauen Augenpaar fest und injiziert Rudolpho ihr atemlähmendes Neurotoxin.

Dieser grauenvolle Biss lässt seinen Oberkörper in den Bürodrehstuhl nach hinten plumpsen. Seine Hautfarbe ähnelt der weiß getünchten Zimmerdecke des Arbeitszimmers, die er mit seinen weit aufgerissenen Augen durchbohrt. In seinem Kopf rumort es, als schwirre darin ein Schwarm blutrünstiger Killerfledermäuse umher, um das Schlangengift schneller zu verteilen und dabei sein Gehirn blutleer zu saugen. Kurz - sein aufgestauter Frust über die vergangenen erfolglosen Berufsjahre explodiert in seinem Schädel.

Er stößt einen markerschütternden Schrei aus und trommelt mit beiden Fäusten wie ein Wahnsinniger auf seinen Schreibtisch. Lose Blätter, Kugelschreiber, Ordner und eine verschimmelte Salamisemmel wirbeln durch die Luft und mit einem kreischenden „Scheissssäääääääääääääääääääääähhh..." schleudert er das Firmenlaptop aus dem Fenster des Arbeitszimmers im ersten Stock seines Reihenhauses in dieser - bisher - idyllischen Heidingsfelder Lehmgrubensiedlung. Ein lautes Klappern - ein dumpfer Schlag - ein Aufschrei. Glück für das Gerät. Es übersteht den Ausflug mit einem leichten Kratzer und ist noch voll gebrauchsfähig. Pech für Löwenzahn. Er ist auf der Stelle tot.

Löwenzahn, so heißt der weiße Pudel, der bei dieser Aktion auf dem Gehweg neben dem Haus von dem fliegenden Gerät getroffen wird. Dem armen Tier hilft weder eine stabile Seitenlage noch eine Herzmassage. Selbst die Mund zu Schnauze-Beatmung eines herbeigeeilten Passanten erweckt ihn nicht mehr zum Leben. Löwenzahn macht keinen Muckser mehr und bekommt einen wunderschönen Platz neben einer Linde auf dem Tierfriedhof im Frauenland. Auf seinem Grabstein aus Granit sind folgende bewegende Worte eingraviert, die Rudolpho als Entschädigung und ohne Honorarforderung an die Halterin, gereimt hat:

Mein allerliebster Hund,
war niemals krank und immer Xund.
Hier liegt er nun, mein Löwenzahn,
erschlagen vom Computerwahn!

Das Frauchen dieses armen Geschöpfes wird sofort nach dem Unglück mit einem schweren Schock in's Juliusspital eingeliefert. Ein paar Wochen später kommt sie in die Pension *Die Geschlossene* in die Füchsleinstraße, was immerhin die erste Adresse in Würzburg ist (jedenfalls für Personen mit schwerwiegenden psychischen Störungen).

Dort ist sie seitdem bestens versorgt und zieht täglich an einer Leine einen Blumentopf, bepflanzt mit Löwenzahn, hinter sich her und füttert diesen regelmäßig mit einem Ring Fleischwurst. Es soll auch nicht unerwähnt bleiben, dass sie aus unerklärlichen Gründen manchmal gerne auf Laptops der Heimleitung herum hüpft…

Bei Rudolpho diagnostizieren die Fachärzte ein sehr schweres Burnout-Syndrom, weswegen sein Laptopwurf keine strafrechtlichen Folgen für ihn hinterlässt. Sie verschreiben ihm kleine runde weiße Angeblichglücklichmacher und versuchen ihn zu überzeugen, dass der muskuläre Zustand seines Prachtkörpers sehr zu wünschen übrig lässt (auf gut Deutsch sind sie der Meinung, dass Rudolpho bewegungstechnisch ein fauler Sack ist und deswegen unbedingt etwas Sport treiben müsse).

„Na, das mit dem Sport ist leichter gesagt als getan", denkt sich Rudolpho, denn als Nebenwirkung bekommt er von diesen Pillen einen abscheulichen *Flotten Otto.*

Das Thema *Mehr Bewechung* ist damit gestorben. Nach Einnahme dieser *Dreggsbillen* kann er sich keine zwei Meter mehr von der Kloschüssel wegbewegen und mit dem Ausruf „Wenn ihr blöden Dinger sowieso dorthin wollt!“ spült er den Rest der Antidepressiva-Tabletten im Klo herunter[5].

„Schluss mit dem Mist, diese Scheiß-Pillen können sich die blöden Brunzveregger[6] selber in den Hindern stecken oder einem durchgeknallten Irren andreh‘n, aber doch ned mir, dem stinknormalen Rudolpho!“

Daraufhin erhält Rudolpho von seinem Hausarzt eine Überweisung zu einem Psychologen.

---

[5] Wundern Sie sich also nicht, wenn Sie sich - rein zufällig - einmal im Städtischen Würzburger Kanalsystem aufhalten und dort nur Ratten mit zufriedenen Gesichtszügen und Durchfallerscheinungen umherwieseln sehen.

[6] Brunzverregger ist laut dem Wikki-Peter ein ambivalentes Pronom. Nein, das ist nichts Unanständiges! Es bedeutet, dass es sowohl abfällig als auch bewundernd und sogar gleichzeitig abfällig *und* bewundernd eingesetzt werden kann.

Der Psycho-Doc

Der Bus hält quietschend an der Haltestelle Auferstehungskirche im Würzburger Stadtteil Frauenland. Mit einem *pffffft* öffnen sich die Türen. Rudolpho steigt aus und läuft in eine Seitenstraße der Siedlung. Er schnüffelt an süßlich duftenden Fliederblüten und schaut abwechselnd auf das kiwigrüne Reihenhäuschen und auf die Adresse, die auf seinem zerknüllten Zettel steht. Kopfschüttelnd bemerkt er:

„Nee, nee, mich leggsd am Ärm‘l, bin ich da wirklich richtig?"

In diesen Ami-Krimis schreiten die Psychos immer durch ein großes Portal eines historischen Gebäudes einer belebten Hauptstraße, bevor sie im Behandlungszimmer von einer riesigen Bücherwand erschlagen werden und sich dann auf eine plüsche rote Couch fallen lassen.

Im wahren Leben steht er nun vor einem mickrigen Siedlungs-Reihenhäuschen. Rudolpho verpasst dem braunen Bündel, einem faul herumliegenden Labrador, einen kräftigen Fußtritt, bevor dieser die zwei Eingangsstufen vor der weinumrankten Eingangstüre freigibt. Beleidigt jault das Hundli kurz auf und trottet langsam davon. Er kann sich einfach nicht an diese Irren gewöhnen, die hier jeden Tag zu seinem Herrchen kommen - und dass er mit denen statt mit ihm spielt.

Die Gravur auf dem Messingschild über dem Klingelknopf verschafft Rudolpho Gewissheit, dass er hier richtig ist. *Michael von der Hühnerweide - Psychologe.* Mit diesem Psychologen, bei dem er in einigen Sitzungen über sich und seine Probleme sprechen soll, wird er nicht so richtig glücklich. Schon beim ersten Besuch in dessen Gesprächsraum schaut er sich verwundert um, bemerkt so angsteinflößende Bilder wie *Der Schrei* von Edvard Munch oder das Selbstbildnis von Van Gogh mit dem abgeschnittenen Ohrwatschel. Enttäuscht mault Rudolpho:

„Na, wo isses denn, wo isses denn?"

Bis ihn der Psychodoc fragt, was er denn eigentlich suche.

„Na, das Schesslong von dem Siggi Freud natürlich“, grummelt Rudolpho. Er hätte sich liebend gerne etwas hingelegt und gedöst, während dieser Seelenklempner ihn vollquatscht. So hat er es jedenfalls in diesen amerikanischen Spielfilmen gesehen. Stattdessen bittet ihn der Schmarrkopf, auf so einem kackbraunen, speckigen Sessel Platz zu nehmen. Während Rudolpho darüber nachdenkt, wie viele fette Hintern hier wohl schon gesessen und auf diesem abgeriebenen Lederstoff ihren Frust mitsamt Dunst abgelassen haben, versucht sein Psychologe ihm zu erklären, dass der Abend bei ihm ja Sitzung und nicht Liegung heißt.

„Eine Liegung bekommen Sie beim Bestatter, aber erst, wenn Ihre Behandlung bei mir keinen Erfolg zeigt.“

„Naja, wenn das so is!“, bemerkt Rudolpho und lässt sich angewidert und langsam auf das speckige Teil nieder.

„Aber riechen tut des egelhafte Stück schon so, als hätt’n Sie’s aus’m Leichenschauhaus!“

Die Halsschlagader des Herrn von der Hühnerweide pulsiert und seine Augäpfel scheinen jeden Moment herauszufallen.

„Sie Banause, das ist ein teures Designerstück aus reinstem Büffelleder, das exklusivste Stück vom Möbel-Neubert in Heidingsfeld. Das sogenannte Ei vom dänischen Stardesigner Arne Jacobsen. Das hat mich ein halbes Vermögen gekostet.“

„Büffelleder? Ei vom Jacobsen?“

Rudolpho rümpft die Nase und blinzelt ihn an, worauf der Doc laut wird:

„Jawohl, natürlich bestes Büffelleder, was haben Sie denn gedacht?“

Rudolpho zieht die Augenbrauen hoch.

„Affenhoden?“

Nach Rudolphos Versuch, sein aufgewühltes Seelenleben und seinen Frust zu erklären, gibt ihm der Doc ein paar Ratschläge, um ausgeglichener zu werden.

„Herr Schmitt, entspannen Sie sich jeden Tag mit einer Stunde Yoga.“

Sofort wirft Rudolpho ein:

„Aber, Herr von der Hühnerdingsda, ich mach’ jeden Tag Entspannungsübungen vor der Glotze mit einem Becher Yoghurt und einer Schale Tee.“

„Tee?“

„Hopfenblütentee, naja, manche sagen dazu auch Bier.“

„Ach so, aber doch hoffentlich nur alkoholfreies!“

„Freilich, nur algoholfreies!“, grinst Rudolpho.

Ohne groß über das Gesprochene nachzudenken, hört er an den ersten Therapieabenden immer nur geduldig zu und rutscht gelegentlich angewidert auf diesem Büffelleder-Ei vom Arne Jacobsen hin und her, lauscht seinem Therapeuten mit einem Ohr und döst dabei mit halboffenen Augen ein. Als er bei der vierten Sitzung auch noch zu schnarchen anfängt und der Therapeut ihn etwas unsanft weckt, wird Rudolpho stinksauer. Er springt wie eine verscheuchte Heuschrecke aus diesem braunen Eiersessel und wirft den verdutzten Mann mitsamt seinem Designer-Drehstuhl um. Dabei plärrt er den am Boden Liegenden an:

„Was wills’de denn von mir, du irres Arschloch, du gehörst doch selber in die Glabbsmühle!“

Daraufhin bekommt er vom ihm *Hausverbot*!

Nach einem sechswöchigen psychosomatischen Klinikaufenthalt entlässt man Rudolpho als nicht mehr arbeitsfähig - na ja, eigentlich will man ihn nur nicht mehr auf die arbeitenden Kollegen loslassen. Damit bekommt er mit seinen 60 Jahren Erwerbsminderungsrente und kann sich von da an endlich voll auf seine schriftstellerischen Tätigkeiten konzentrieren und seine Frau Margit mit kreativen Ideen zur Weißglut bringen.

So vergehen ein paar Jahre und es hagelt kräftig Absagen von den Verlagen. Aber Rudolpho gibt nicht auf und wartet zwecks Ideenfindung auf abenteuerliche Ereignisse.

Der Enkeltrick

Montag, 02. April 2012 - 10:11 Uhr

Regen prasselt an die Scheibe des Arbeitszimmers in der idyllischen Heidingsfelder Lehmgrubensiedlung. Der Tag verspricht recht trüb zu werden. Rudolphos Laune dagegen ist hervorragend. Er sitzt an seinem Schreibtisch und hämmert wie wild auf seiner PC-Tastatur herum, geniale Zeilen wie diese:

Frühlingsgedanken

Ich sitz nun hier an mei'm PC,
mir fäll nix ein und das tut weh.
Und wenn ich aus dem Fenster seh,
ich gar nicht gern nach draußen geh.
Ich hoffe eine gute Fee
kocht mir jetzt bald 'nen leck'ren Tee,
der mich wärmt vom Kopf bis Zeh.
Wie ich's auch wende oder dreh,
zum Sommer ist's noch weit, oh jeh!

Kaum hat er das *oh jeh* eingetippt, hört er das Telefon im Flur bimmeln. Noch geistig in sein Werk vertieft, ruft er aus dem Arbeitszimmer seiner besseren Hälfte zu:

„Oh jeh, geh du ran Schatz, ich hock gerade am Elektronenidiot."

Aus Richtung der Klotüre vernimmt er:

„Ich kann nicht, habe gerade eine gewichtige Sitzung, geh doch bitte selber."

Fluchend tapst er in den Flur zu dieser quengelnden Nervensäge von Telefon.

„Bestimmt wieder so ein lästiger Werbeanruf", denkt er und nimmt vorsichtshalber seine Trillerpfeife mit, um damit dem bösen Anrufer das Trommelfell demolieren zu können. Als er den Hörer abnimmt, spricht eine ihm unbekannte Stimme mit einem sonderbaren Slang:

„Hallo, rate mal, wer ischt am Telefon!“

Rudolpho holt tief Luft und setzt die Pfeife, die er für solche Anrufe immer parat hält, an seine Lippen. Da kommt ihm eine Idee. Viel hatte er schon von diesem berüchtigten Enkeltrick in der Zeitung gelesen. Momentan soll wieder jemand damit unterwegs sein um alte Leute um ihr Erspartes zu bringen. Wie lange hat er schon gehofft, ein solches Bürschchen einmal in seine Gichtkrallen zu bekommen. Außerdem könnte er vielleicht ein solches Erlebnis in seinem unfertigen Kriminalroman einbauen. Also überlegt Rudolpho kurz, spricht mit freudiger Stimme und versucht dabei ein klein wenig senil zu wirken, was ihm nicht allzu schwer fällt:

„Bernd, mein Lieblingsneffe, bist du‘s wirklich? Hab‘ ja schon so lang nix mehr von dir g‘hört!“

„Ja, ischt sehr schade.“

Rudolpho will es dem Gauner möglichst leicht machen und fragt:

„Bernd, mein Schätzle, wie geht‘s dir denn?“

Der Anrufer antwortet mit weinerlicher Stimme:

„Schlescht, sehr schlescht bei Moment, isch habe eine Riesenblödheit gemascht.“

„Schneckerle, was is‘ denn los, kann dir dein alter Onkel irch’ndwie helfen?“

Der Unbekannte schluchzt:

„Mir ischt so schrecklisch alles peinlisch Onkel, aber isch hatte letzte Nascht in Kneipe mit Kartespiel viel Geld verzockt und wenn ich das diesen Leuten heute Nachmittag nischt zurückzahl, dann wolle sie mir den Arm breschen.“

„Ogoddele Bernd, das is ja knochenhart. Wieviel wollen‘s denn von dir haben?“

Wie aus der Pistole geschossen kommt die Antwort:
„Zehntausend Euros wolle die sofort habe, was soll isch nur mache?“
Rudolphos schwarze Seele hüpft vor Freude. Er spielt aber weiterhin den erschrockenen Onkel.
„De... de... de… des ist ja grauenvoll… äähh… Berndi-Schadzi.“
„Ja, isch hab’ schrecklische Angst und isch hab’ große Bitte an disch Onkelschen, könntest du mir die Geld nicht für zwei Tage leihen, isch gebe dir dann gleisch wieder zürück.“
„Naja, ich könnt dir des Geld von meinem Sparkonto abheben, müsste aber deswegen erst auf meine Sparkasse läff.“
„Bitte, bitte Onkelschen hilf mir!“, fleht der vermeintliche Neffe.
„Nun bass mal auf. Ich geh jetzt sofort auf die Bank, heb des Geld ab und du kommst hierher und holst die Gracherle bei mir ab.“
Rudolpho lauscht gespannt auf die Reaktion des Anrufers.
„Isch kann aber leider nischt selber kommen, da isch hier festgehalten werde. Isch schick dir vorbei meine Freund Hassan.“
„Und wie weiß ich, dass das dein Freund Hassan ist und kein anderer?“
„Du erkennst ihn leischt an den dunklen Haar und schwarzes Bart. Er hat dunkelblaue Lederjacke und Blue Jeans an und wird drei kurzes Mal an deine Haustür klingeln.“
„Also gut, der soll heut’ Nachmittag um drei Uhr vorbeischau‘n. Halt - besser noch um fünfzehn Uhr, dann bekommt er das Geld!“, sagt Rudolpho und legt den Hörer auf. In seinem Kopf geht es inzwischen zu wie auf einem türkischen Basar. Jeder normale Mensch hätte nun die Polizei angerufen. Aber Rudolpho ist ja nicht normal. Außerdem wittert er eine Story.
„Nee... ned mit Rudolpho!“, knurrt er. Dabei hat er völlig vergessen dem Anrufer zu sagen, dass das mit dem drei Mal klin-

geln blöd ist. Er hat sich vor Jahren einen Musikgong zugelegt, der die ersten Noten vom Radetzky-Marsch-Refrain erklingen lässt (die bekannte Strophe *Wenn der Hund mit der Wurst über'n Eckstein springt…*). Vor Jahren empfand er das als einen Riesengag, doch langsam geht ihm dieses dümmliche Gedudel auf die Nerven, weswegen er schon öfters mal seine Hausschlappen auf diesen Wahnsinnsapparat wirft.

„Schatz, mit wem hast du gerade telefoniert?“, fragt Margit, die eben erst mit ihrem pfundigen Geschäft fertig geworden ist und wie ein Wachhund mit aufgestellten Ohren hinter ihm steht.

Er will sie nicht beunruhigen und lügt:

„Ach, da hat sich einer verwählt. Der wollte wissen, ob wir einen Neffen hab'n der Bernd heißt und wollte nicht glaub'n, dass er falsch verbunden war.“

„Alter Quatschimodo“, lästert sie „und da brauchst du Hornochse fast fünf Minuten, um das diesem Deppen klar zu machen?“

Während Margit sich darüber aufregt, überlegt er fieberhaft, wie er sie die nächsten Stunden aus der Schusslinie bringt. Zufällig kommt sie ihm dabei zu Hilfe.

„Liebling, ich brauche unbedingt eine 1,5er Häkelnadel und das Garn für den neuen Tischläufer reicht auch nicht aus. Bist du mir böse, wenn ich mit der Straßenbahn in die Stadt zum Handarbeitsgeschäft fahre?“

Geistesgegenwärtig antwortet er:

„Das täte brima pass'n, dann lassen wir des Mittagessen heut' ausfallen und ich ess nachher die zehn Wienerle vom Kühlschrank, bevor die vergammeln. Du kannst ja heute Nachmittag mit deiner Freundin Gertrud im Café Brandstätter einen Katschubino trink'n, oder wie das Zeuch heißt. Bitte bring mir bei der Gelegenheit vom Buchhändler in der Schönbornstraße ein Buch mit. Ich schreib dir den Titel und den Autor auf einen Zett'l.“

„Na klar, ich mache mich inzwischen fertig.“

Ihm fällt auf die Schnelle kein blödsinnigerer Titel ein wie *Enkel tot beim Abendbrot* und als Autor *Roman Poludschinsky*. Hauptsache, sie sucht lange danach. Mit den Worten „Ich bin fertig, ich gehe jetzt“ reißt sie ihm den Zettel aus der Hand und steckt ihn in ihre Handtasche. Er gibt ihr ein Abschiedsküsschen auf den frisch angemalten roten Mund. Sie spuckt auf ihr Taschentuch und wischt ihm damit lachend den roten Lippenstift von seinen Mund ab. Um sie noch möglichst lange zu beschäftigen gibt er ihr noch einen Spezialauftrag:

„Liebes Margidle, was mir noch einfällt, bring mir bitt‘schön von der Metzgerei Erbse ein Stück von der fetten Hausmacher-Mettwurscht zum Abendessen mit, du weißt schon, von der, die ich so gern mag. Und wenn du schon dabei bist, noch eine von der weißen, bock‘lhard’n Salami; am besten eine Ganze, die könnt’ ich dann bis Weihnachten kau’n.“

„Wie der gnädige Herr meinen. Ich geh jetzt lieber, bevor dir noch irgendwas einfällt“, spricht sie, während sie die Haustüre hinter sich zuknallt.

Die Todesmaschine

Montag, 02. April 2012 - 11:51 Uhr

Der Bankangestellte hinter der Glasscheibe des Bankraumes der Heidingsfelder Sparkasse wundert sich sehr, dass der alte Krauterer mit dem zerbeulten schwarzen Filzhut seine hundert Euro in Fünf-Euro-Scheinen ausgezahlt bekommen möchte. Er kann ja nicht ahnen, dass dies zu Rudolphos irrem Plan gehört. Es soll ja so echt wie nur möglich aussehen, falls man ihn von der Ferne aus beobachtet.

Nachdem er das Bündel in seine Brieftasche eingesteckt hat, setzt er seine große schwarze Sonnenbrille auf und geht aus der Bank. Die Rathausuhr schlägt zwölf Mal, während der Stadtverräter an der grauen Fassade herunter grinst und bei jedem Schlag sein Giemaul mitsamt dem schwarzen Kinnbart auf- und zuklappt. Die Gegend um den Rathausplatz kommt ihm heute viel unheimlicher vor. Das liegt sicher an der dunklen Tönung seiner Nasenfahrradgläser. Wahrscheinlich bemerkt er deswegen nicht die merkwürdige Gestalt, die ihn hinter der Litfass-Säule am Rathaus aufmerksam mustert.

Er spurtet über diesen rekordverdächtigen Hätzfelder Marktplatz, der schon ewig heftige Diskussionen auslöst. Ein Rätsel, warum dieser Schandfleck noch nicht im Guinness Buch der Rekorde steht - als hässlichster Stadtteilemarktplatz des Universums. Rudolpho hetzt weiter Richtung Straßenbahnhaltestelle Reuterstraße und scannt dabei mit seinen Augen die Umgebung. Jeder, den er auf dem Gehsteig vor, hinter und neben sich sieht, könnte ein potentieller Ganove sein, der ihn zusammenschlägt und ihm seine frisch eingewechselten Fünfer klaut. Dabei hat er keine Angst wegen der eventuellen Schmerzen. Nein, er hat nur Angst, dass jemand seinen Plan kaputtmacht, den er inzwischen mühevoll in seinem Kopf ausarbeitet. Er zuckt kurz zusammen, als eine Frau hinter ihm laut niest und beschleunigt seinen Gang.

An der Eisdiele beim Lokal Linie 3 stellt sich ihm ein bulliger Mann in Jeans und rot-grün-gelbem Hawaihemd mit blauen Palmen in den Weg. Über seine rechte Hand, in der er eine Waffeltüte hält, rinnt eine klebrige Soße von drei Batzen Fruchteis herunter. Während er versucht, schleckend eine größere Sauerei zu verhindern, fragt er den vor Angstschweiß triefenden Alten:

„Bitte, können Sie mir sagen, wie ich am schnellsten in's Juliusspital komme?"

Rudolpho schaut ihn kurz an, läuft schnell weiter in Richtung Straßenbahnhaltestelle und murmelt:

„Wenn du weiter so saudumm fragst, geht's schneller, als du denkst!"

Dem Touristen fällt die Eistüte mitsamt seiner Kinnlade auf den Gehsteig und er schaut Rudolpho nach wie ein kleines Kind, dem man sein Spielzeug geklaut hat. Rudolphos Blutdruckwerte schießen raketenartig in die Höhe, als hinter ihm eine Stimme krächzt:

„Griminalbolizei, bidde folgen Sie mir unauffällich."

„Woher wissen die jetzt schon, was ich vor hab'?", denkt sich Rudolpho.

Wie er sich umdreht, sieht er seinen Kumpel Kurti über alle vier Backen grinsen.

„Hä hä hä, sach mal Rudolpho, was soll denn die alberne Verkleidung mit dem Hut und der Brille und warum rennst du denn so nervös die Straße entlang und schaust dich dauernd um? Hä hä hä, du wirst doch ned die Sparkasse ausgeraubt hab'n?"

Rudolpho hebt den Zeigefinger an seine Lippen und flüstert:

„Bsssd Kurti, ned so laut, wenn du es ned weitererzählst geb ich dir auch 'ne Million von meiner Beute ab."

Kurti lacht, er weiß ja, dass sein verrückter Nachbar einen riesengroßen Badscher hat und gerade das gefällt ihm so an seinem Kumpel Rudolpho, denn er lacht gerne mit und über ihn.

„Wetten, dass ich in den nächsten Tagen von der Bolizei erwischt werd'?", sagt Rudolpho aus Spaß.

Kurti meint grinsend:

„Wenn du in diesem Monat noch in einem Polizeiauto mitfährst, dann lach' ich mich erstens dod und geb dir zweitens einen Kast'n Hofbrühe aus."

„Reihenfolge stimmt ned", bemerkt Rudolpho, „erst den Kast'n Bier ausgeben, dann kannst du dich wegen mir dodlach'n!"

Kurti kommt wie immer nicht mit Rudolphos Logik zurecht, schaut ihn nur mit fragendem Blick an und antwortet:

„Wenn du meinst."

„In Ordnung, die Wedde gilt", sagt Rudolpho mit funkelnden Augen. In seinem Kopf nistet sich gerade wieder eine Idee für einen neuen Streich ein, während Kurti seufzt:

„So, etz muss ich heim. Wegen dem unanständigen Wort, das mit ‚F' anfängt."

Rudolpo schaut ihn mit zusammengekniffenen Augen an.

„Unanständiches ‚F'? Du wirst doch ned etwa eine Freundin hab'n?"

„Hä hä hä, nee, ich mein doch Fensterputzen, damit wieder ein bissle Licht in's Wohnzimmer fällt."

„Scherzkegs."

„Also, bis nächste Woche zum Länderspiel glotzen?"

Rudolpho nickt und geht weiter.

Daheim angekommen guckt Rudolpho auf die Uhr. Er hat noch etwa zweieinhalb Stunden Zeit. Als er zum Telefon schaut, bemerkt er, dass die Anzeige des Anrufbeantworters blinkt.

„Es könnt ja der Verbrecher sein!", sagt er und drückt die Abhörtaste. Er vernimmt die aufgeregte Stimme seiner Angetrauten.

„Hallo Rudolpho, geh doch ran zum Teufel… also gut, dann spreche ich es dir halt ganz kurz auf das Band. Also Liebling, den Titel *Enkel tot beim Abendbrot*, den du mir aufgeschrieben hast, gibt es überhaupt nicht, meint dieser dumme Verkäufer. Tut mir sehr leid, aber ich habe den vorhin fast wahnsinnig gemacht. Dann behauptet dieser Kauz auch noch allen Ernstes, dass es auch diesen Autor gar nicht gibt. Als ich ihm ruhig und sachlich erklären wollte, dass mein Mann sich nie irrt, fragte er mich, ob ich einen an der Klatsche hätte. Ich habe mit ihm ein wenig debattiert und als er uneinsichtig war, blieb mir keine andere Wahl. Es war ein Reflex. Meine Einkaufstasche wollte partout auf seinen Kopf. Sie traf ihn hart. Ach ja, noch etwas, nur damit du es weißt, du brauchst ab sofort nicht mehr in diesen Laden. Bevor ich den aus der Türe ging, rieb er sich seine Fleischkappe und rief mir noch *Hausverbot* nach!

Also ganz kurz, was ich dir sagen wollte, ich brauche noch etwa zwei Stunden bis ich wieder daheim bin, dann werde ich dir alles ausführlicher erzählen. Wo bist du denn überhaupt und warum gehst du nicht ran? Rudolpho?... Rudolpho?... Also dann Rudolpho, bis später."

Klack - der Anrufbeantworter schaltet automatisch ab und Rudolpho schmunzelt:

„Dann heißt das Buch eben *Rudolpho droht Hausverbot*."

In seinem Kopf kreisen viel dringlichere Aufgaben. Mit Hausverboten kennt er sich sowieso schon vorzüglich aus.

Hausverbot hat er vor längerem schon in der Metzgerei Erbse im Lehmgrubenweg bekommen, als er zu einer Kundin, die vor ihm dran kam und die ein Becherchen von dem angemachten Wurstsalat kaufen wollte, sagte: ‚Aber liebe Frau, wollen Sie wirklich diese Kellnerkotze kaufen? Die sieht ja noch viel eklicher aus wie die Eitrigen da vorn.'

Mit *Eitrige* meinte er die Käsewürstchen, die so aussahen wie ein Haufen dicker, eitriger Finger. Missverständlicherweise fühlten sich aber der Metzgermeister und seine Fleischwarenfachverkäuferin angesprochen, die ihn, beide bewaffnet mit einem großen Fleischermesser in der Hand, aus dem Laden jagten. Seitdem kauft nur noch seine Frau Margit dort ein.

Hausverbot erhielt er auch beim Mühlenbäck in Hätzfeld. Sein Freund Kurti hatte ihm einmal eine nicht mehr ganz taufrische Semmel geschenkt. Als er herzhaft hineinbiss, brach ihm ein Stück seines Privatsteinbruches im Mund ab. Daraufhin wurde er so wütend, dass er mit diesem nun nicht mehr jungfräulichen Backwerk zu dessen Erzeuger in die Klosterstraße ging und ihm das Korpus Delikti samt abgebrochenem Zahn auf die Verkaufstheke knallte. Während er das Brötchen mit beiden Händen auf die Theke bröselte, giftete er (vielleicht etwas zu unfreundlich) den Bäckermeister an: ‚Ja meinen Sie denn vielleicht, Sie alter Teigfigger, ich bin ein Nagetier?' Naja, nicht so schlimm. Seitdem kauft er seine Backwaren bei Aldi, Lidl oder an der RAN-Tankstelle. Den vom Bäcker ausgeschlagenen Backenzahn wollte er sich sowieso schon längst ziehen lassen.

Hausverbot bekam er auch in dem blaugelben Baumarkt am Handelshof, weil er bei der Aktion *Fünfzig Prozent auf alles ohne Stecker* von einer Bohrmaschine und einer Stichsäge die Schukostecker mit dem Seitenschneider abzwickte, um in den Genuss des Rabattes zu kommen. Leider wurde seine Bemühung nicht anerkannt.

Hausverbot wurde ihm auch in der Bücherei ausgesprochen, weil er sich im Leseraum lautstark beschwerte, dass bei einem von ihm ausgeliehenem Krimi eine Seite fehlte. Ausgerechnet die allerletzte Seite, wo dieser atemberaubende Mordfall aufgeklärt worden wäre. Eigentlich bekam er dort Hausverbot, weil er das Buch mit einer Stinkwut und mit beiden Händen sehr laut zuknallte. Naja, das wäre letztendlich auch noch nicht der Auslöser gewesen, doch diese dumme Kuh von *Biblio-tee-karin*[7]. steckte zufällig in diesem Augenblick ihren Warzenhalter etwas zu tief in das zuknallende Druckwerk. Die Operation ihres hässlichen Riechkolbens mitsamt Wiederherstellung der fetten Warze darauf kostete ihm über viertausend Euro Schmerzensgeld, zuzüglich Gerichtskosten.

Rudolphos Rache war fürchterlich. Neulich im Hochsommer schlich er sich ganz unauffällig, in kurzer Hose, T-Shirt, vermummt mit Schal, Sonnenbrille und Hut in die Bücherei und riss aus unzähligen Büchern die letzten spannenden Seiten heraus. Doch plötzlich bahnte sich hinter der durchnässten Stirn seines Bio-Computers ein Festplattencrash an! Das hatte er doch tatsächlich bei seiner Planung übersehen. Er, der geilste Planer des Universums. Wie konnte ihm das nur passieren? Wohin nun mit den losen Blättern?

In seiner Not steckte er Blatt für Blatt langsam in seinen Mund und begann zu kauen. Nach der einundfünfzigsten Seite fing er zu schwächeln an. Sein Magen beschwerte sich druckvoll wegen der Masse schwerverdaulicher schriftstellerischer Bestsellerseiten. Sein Gesicht verfärbte sich so, als hätte er in einen Zementsack gehustet und er verspürte plötzlich einen Drang, die gefressenen Seiten augenblicklich wieder in der Bücherei abzugeben. Beim Hinausrennen aus dem Raum verlor er die ersten vierunddreißig Seiten direkt auf Karins Schreibtisch in der Kassenzone der Bücherei. Den Rest nahm er mit nach Hause auf seine Toilette. Seitdem liest er bei Krimis immer erst den Schluss.

---

[7] Er nannte sie so, denn sie hieß Karin, trank Tee und sah mit ihren grauen zotteligen Haaren, ihrer großen schwarzen Hornbrille und der fetten Warze auf der Nase biblisch alt aus!

Die RSG

Montag, 02. April - 12:57 Uhr

„Das wird eine Superfalle, so etwas hat es noch nie gegeb'n“, spricht er und holt Werkzeug und verschiedene Materialien aus dem Werkraum. Mit Schrauben, Ösen, Seilen, Metallwinkeln und Hölzern und einer halben Stunde Hämmern, Bohren, Klopfen, Sägen und Schrauben ist seine neueste Erfindung fertiggestellt. Eine sensationelle Weltneuheit. Die *RSG - Rudolphos Super-Ganovenfalle.* Eine Mordsmaschine! Ein geniales Gerät! Ein genialer Plan von dem genialen Erfinder Rudolpho. Er spielt bereits mit dem Gedanken diese Mordsidee patentieren zu lassen.

Sein weiterer Plan sieht so aus: kurz, nachdem der Halunke an der Haustüre läutet, würde er die Türe öffnen und ihn einen Schritt eintreten lassen. Dann muss er nur noch an dem Seil ziehen, sodass durch einen selbst erfundenen Auslösemechanismus der schwere Hammer dem Verbrecher auf den Kopf fällt und dieser daraufhin bewusstlos ist. Seelenruhig würde er ihn dann fesseln können und die Polizei rufen. Er ist felsenfest davon überzeugt, dass sein Vorhaben mit Erfolg gekrönt ist. Dass er am kommenden Tag als Held und als Verbrecherschreck in der Tageszeitung abgebildet sein könnte, ist ihm nicht wichtig. Nein, Rudolpho ist nicht eitel[8]. Es geht ihm vielmehr darum, eine gute Story für seinen Roman zu bekommen und Rache dafür ausüben zu können, dass der Gauner unschuldige Alte ausnimmt.

Eine Viertelstunde später, nachdem er seine Todesmaschine fertiggestellt hat, ertönt der Radetzky-Marsch.

„Was, jetzt schon?“, ruft er verwundert.

---

[8] Naja, vielleicht ein wenig?!

Rudolpho läuft zur Türe und nimmt hastig das Seil, das die Apparatur auslösen soll, in die linke Hand und öffnet mit der rechten Hand.

„Ein Päckchen für Herrn Rudolpho Schmitt“,

Der Bote staunt, warum der alte Mann gerade im Gesicht rot anläuft und ihn wie eine kalbende Kuh anglotzt. Er ahnt ja nicht, dass es ihm in letzter Sekunde nicht vergönnt war, einen schweren Hammer auf den Kopf zu bekommen. Rudolpho unterschreibt hastig den hingehaltenen Zettel und schließt die Türe.

Der Überbringer steigt kopfschüttelnd in seinen gelben Sprinter und denkt sich: „Der Alte hat es aber eilig. Höchstwahrscheinlich ist so eine sehnsüchtig erwartete Pornolieferung aus Flensburg im Päckchen, wie ich sie immer seinem geilen Nachbar bringe.“ Dabei stellt er sich vor, wie der Alte gierig seine Sendung auspackt und fährt grinsend zwei Häuser weiter.

Der Gangster

Montag, 02. April 2012 - 15:25 Uhr

Die telefonisch verabredete Zeit ist schon lange vorbei und Rudolpho grummelt:

„Der Gangster hat sicher kalte Füß' gekriegt und kommt nimmer."

Gedankenversunken blättert er in dem Buch *Wie schreibe ich einen verdammt guten Roman*, als wieder der Radetzky-Marsch ertönt.

„Ist das etwa schon meine Holde, die wie immer ihren Hausdürschlüss'l in ihrer überdimensionierten Schlamperles-Handtasche ned findet?", grantelt er und schlendert absichtlich extrem langsam zur Haustüre. Er will durch den Türspion beobachten, wie sie draußen vor Ungeduld zappelt und mault, weil er nicht öffnet. Doch er erschrickt. Durch den Türspion sieht er einen Mann mit schwarzen Haaren, schwarzem Bart, schwarzem Blick und dunkelblauer Lederjacke.

Sein antikes Herz schlägt ihm bis zum Hals, aber er fasst sich schnell.

„Jetzt oder nie!"

Mit der rechten Hand umklammert er hastig das Seil und öffnet mit der linken Hand langsam die Türe.

„Üch Hassan - wüll das Geld holen von Berndischatzi", stammelt der dunkle Typ in komischem Deutsch und bemüht sich dabei müde zu lächeln. Das Gesicht kommt Rudolpho bekannt vor. Diese Giemaulfigur hängt doch normalerweise am Hätzfelder Rathaus!

Rudolpho bittet ihn, einen Schritt weiter nach vorne zu gehen, damit er in der richtigen Position steht. Der blöde Typ geht aber nur einen halben Schritt vorwärts. Rudolpho zieht hastig am Seil. Ausgerechnet jetzt muss sich sein geniales Verbrecherfanggerät verhaken.

Das Giemaul schaut verdutzt nach oben. Rudolpho muss noch drei Mal verzweifelt am Tau ziehen, bis der Hammer endlich herunterfällt. Im letzten Augenblick macht der Dunkelhaarige eine Rückwärtsbewegung, sodass das schwere Teil auf seine weißen Sportschuhe fällt. Der Dunkle schreit auf. Sofort erfasst er diese hinterhältige Situation, zückt aus seiner Jacke ein langes Messer und stößt es in die Richtung des alten Mannes. Reflexartig springt Rudolpho zur Seite, sodass die Klinge nur ein kleines Stück von seinem Hemd am Bauchbereich zerfetzt. Er will sich mit einem Sprung in's Wohnzimmer retten, aber der wilde Eindringling ist schneller und stellt Rudolpho von hinten ein Bein, sodass er schmerzhaft auf seine alten Knie fällt, nach vorne kippt und auf dem Bauch liegen bleibt. Der Dunkle stürzt sich auf ihn und hält mit der einen Hand Rudolphos Kopf an den Haaren fest. Mit der anderen Hand hält er ihm das Messer an die Kehle und schnauzt:

„Du altes Drecksack - wo ischt das Geld?"

Rudolphos Knie schmerzen zwar höllisch, aber er hat eine Stinkwut, weil seine Maschine nicht richtig funktioniert. Deswegen verkennt er seine aussichtlose Lage und brüllt wütend zurück:

„Das werd ich dir Fellfresse doch ned erzähl'n!"

Blitzschnell schlägt Rudolpho, wie er es vor fünfzig Jahren einmal in einem Selbstverteidigungskurs gelernt hat, mit dem linken Ellenbogen nach hinten und trifft die linke Niere des Schwarzbärtigen. Dieser stöhnt kurz auf und packt Rudolpho noch fester an den Haaren. Er stemmt sich nach oben, versetzt dem alten Mann, während er aufsteht, mit dem Fuß einen Hieb in die linke Seite und schreit ihn an:

„Du elendige Sau, jetz isch stesch disch ab!"

Dabei legt er das Messer an Rudolphos Kehlkopf, um den Kopf vom Körper zu trennen. Da hört er hinter sich etwas rascheln, dreht sich ruckartig um und erhält einen harten Schlag mit einer großen, weißen Salami miten in‘s Gesicht. Wie ein voller Kartoffelsack fällt er neben Rudolpho auf den Boden. Der guckt völlig verdutzt und weiß im ersten Moment nicht, was los ist. Der Bärtige versucht sich sofort wieder aufzurappeln. Geistesgegenwärtig hebt Rudolpho den Vorschlaghammer auf und trifft den Gangster mit dem Holzstiel dermaßen hart auf den Kopf, dass der umknickt und regungslos am Boden liegenbleibt.

Jetzt erst spürt Rudolpho, dass seine Knie und seine Hüfte höllisch schmerzen. Mit lautem Stöhnen steht er auf, dreht sich um und sieht, wie eine rothaarige ältere Frau mit zitternden Händen seine geliebte Salamiwurst auf den Boden fallen lässt. Während er mault:

„No no no, pass fei auf, das ist meine gude Wurscht“, umarmt er seine kalksteinbleiche, zitternde Gattin. Beiden rinnen die Tränchen von den Backen. Vor ihnen liegt leblos der Schwarzhaarige, der ihm soeben noch an die Gurgel wollte. Es ist ihm sofort bewusst, dass sie soeben sein Leben gerettet hat.

Als sie sich nach einer Weile wieder etwas gefangen hat, stammelt sie:

„W… w… was ist eigentlich hier los?“

Er wischt sich mit seinem Hemdsärmel die Tränen aus dem Gesicht und sagt mit schmerzvoller Miene:

„Schatz, bist schon da? Danke dass du an meine Salami gedacht hast.“

Weinend und geschockt fängt sie zu schimpfen an:

„Was hast du mit dem schönen neuen Hemd angestellt, das ich dir erst zum Geburtstag gekauft habe? Es ist ja ganz zerrissen. Kannst du nicht besser auf deine Sachen aufpassen?“

Er mault zurück:

„Los, jetzt ist keine Zeit für so ein G’schmarri, hol schnell ‘nen Stuhl.“

Dabei reißt er die Seilkonstruktion seiner Höllenmaschine von den Wänden und der Decke. Sie stellt einen Küchenstuhl in den Flur und beide bemühen sich den Schwarzhaarigen, der stöhnend langsam wieder zu sich kommt, auf den Stuhl zu befördern. Er ist sauschwer und sie schnaufen wie zwei Schlittenhunde, die gerade schweres Gepäck tausende Kilometer durch die Arktis ziehen, bis sie ihn endlich in passender Sitzposition haben.

Mit den Worten „Bind du seine Käs'flossen an die Stuhlbeine, aber zieh ordentlich fest“ geht Rudolpho hinter den Stuhl und verschnürt auf der Rückseite die Arme des Sitzenden mit einem Tau. Der Ganove blutet stark aus der verdellten Nase und der Platzwunde am Kopf. Margit hält ihm inzwischen ein dreckiges Küchentuch an den Kopf, damit der Boden nicht so mit Blut versaut wird. Sie ist eben eine ordentliche Hausfrau. Rudolpho holt einen Verbandskasten und legt ihm auf die Schnelle einen Kopfverband an, der aber mehr wie ein missglückter Turban aussieht.

Inzwischen kommt wieder Leben in den Dunklen und er schreit:

„Mach misch los du Sau - üsch schtesch disch ab - du bischt tot, du und deine Schlampe.“

Rudolpho gibt ihm eine schallende Ohrfeige und brüllt ihn an:

„Red ned so blöd mit uns du Bandid. G'rad du siehst doch aus wie der Dod. Wie kommt so ein Hornochse wie du überhaupt dazu alte Leut' auszurauben?“

Der Gefesselte versteht kein Wort und zerrt wie wild mit seinen Armen und Beinen an den Fesseln. Er kreischt ein paar Worte, die Rudolpho aber nicht versteht, denn er hat kein Türkischwörterbuch zur Hand. Der Schwarzhaarige spuckt in Rudolphos Richtung, trifft aber nur dessen goldumrahmten, antiken Flurspiegel! Das macht Rudolpho noch wütender und er holt aus der Küche zwei dreckige Küchentücher. Aus dem einen formt er einen Knebel und stopft ihn in den Mund des immer noch geifernden Bärtigen. Mit dem anderen Tuch fixiert er das Knäuel am Kopf, damit er es nicht wieder ausspucken kann. Der Gangster wäre froh gewesen, wenn er etwas mehr Luft bekommen hätte. Im anderen Eck des Flures steht Margit inzwischen mit einem großen Küchenmesser und einer Bratpfanne bewaffnet, fest entschlossen, im Ernstfall wieder einzugreifen.

„Und was hast du jetzt vor?“, fragt sie ängstlich ihren Ehemann.

„Lass das mal den Rudolpho machen!“, antwortet er und bemüht sich dabei bei Margit einen coolen Eindruck zu hinterlassen. Jedoch hat er nicht die geringste Ahnung, was nun passieren soll.

Wie er so dasteht und mit klopfendem Herzen nach einer Lösung sucht, hat es der wütende Sitzende mit dem komischen Turban auf dem Kopf geschafft, die Seile an seinen Füßen etwas zu lockern. Mit aller Kraft springt er mitsamt dem Stuhl hoch in Richtung Rudolpho. Der kann sich gerade noch mit einem schnellen Schritt seitwärts retten. Das strapazierte Sitzmöbel will wohl das ganze Dilemma nicht mehr mitmachen und zerbricht, als es wieder am Boden auftrifft, in seine Einzelteile, woraufhin der noch halb Gefesselte rückwärts fällt und mit dem Hinterkopf auf die spitze Kante der Flurkommode aufschlägt. Regungslos bleibt er am Boden liegen. Blut sickert aus seinem Schädel auf den Flurboden.

Im Schock bringt Margit nur leise über ihre Lippen:

„Jetzt haben wir den Salat, nun ist der Boden doch noch versaut!“

Rudolpho fasst an die Halsschlagader des am Boden liegenden Verbrechers. Er findet keinen Pulsschlag und murmelt:

„Ich glaub, etz isser hie!“

Margit kreischt kurz auf, fasst sich aber erstaunlich schnell wieder, rennt in's Wohnzimmer und holt ihre Kuscheldecke vom Sofa.

„Hopp, pack endlich mit an“, raunzt sie ihren ungläubig schauenden Ehemann an. Unter großem Schnauben wickeln sie den leblosen Körper in die Decke, verschnüren diese ganz fest und professionell mit Paketband, um ihn anschließend unter Zuhilfenahme eines Sackkarrens in ihr Auto zu zerren. Aus allen Poren tropfend passen sie einen günstigen Moment ab, um das Bündel in den Kofferraum des Wagens zu befördern. Dabei knallt der Kofferraumdeckel zwei Mal auf den Kopfteil des Bündels, bis sie es endlich geschafft haben.

Schwitzend und zitternd laufen sie in‘s Wohnzimmer und lassen sich erschöpft auf‘s Sofa plumpsen. Beiden ist extrem übel und so kommt es, dass die seit Jahrzehnten in der Hausbar vor sich hin gammelnde Flasche Aquavit in dieser Situation als Nervensaft missbraucht wird. Auch der kleine Rest Eierlikör, das Danziger Goldwasser und die halbe Flasche Stroh-Rum erhalten eine Mund zu Mund Beatmung. Kurze Zeit später und nach den letzten Tropfen aus ihrer Johnnie Walker-Flasche diskutieren sie lallend über ihre Situation. Polizei rufen wollen sie nicht. Das gäbe einen Mordsaufstand. Wie sollte auch Rudolpho den Beamten die Geschichte mit seiner Todesmaschine erklären? Sie kombinieren, dass der Verbrecher alleine handelte und aller Wahrscheinlichkeit nach illegal in Deutschland lebt.

Einige Laller später fassen sie endlich einen Entschluss.

Die Entledigung

Montag, 02. April 2012 - 18:52 Uhr

Rudolpho hat vorhin vergessen, den Sackkarren, der noch einsam am Heck des Wagens lehnt, in's Auto zu werfen. Hastig öffnet er den Kofferraum und wirft den Karren mit voller Wucht auf das Bündel.

„Siehste, war doch gut, dass ich den alten Sackkarr'n aufgehoben hab'", flüstert Rudolpho leise mit Genugtuung, als sie im Schein des giftgelben Natriumdampflichtes der Straßenfunzel seinen Luxuskörper auf den Fahrersitz schiebt. Margit ist diese Nacht aus verständlichem Grund nicht zum Scherzen aufgelegt und stöhnt nur matt:

„Der schon wieder!"

Mehr fällt ihr dazu nicht ein und so schweigt sie, was im Normalfall sehr außergewöhnlich ist. Rudolpho rätselt, ob sie wohl wieder Kopfschmerzen hat. Derweil schaut sein Nachbar Kurti aus dem Fenster seines Schlafzimmers heraus und ruft ihm zu:

„Hey Rudolpho, wart mal, ich komm gleich raus."

Doch Rudolpho hat Angst, dass er etwas bemerkt haben könnte, steigt rasch ein, lässt den Motor an und fährt mit quietschenden Reifen los. Sein Nachbar ist inzwischen vor das Haus gekommen und schaut kopfschüttelnd dem schwarzen Fahrzeug nach, bis dessen rote Rücklichter aus seinem Blickfeld verschwinden. Enttäuscht stammelt er:

„Aber Rudolpho... ich hab' doch nur…, ich hätt' doch nur ein paar Kopfschmerzdablett'n gewollt."

Margit schaut ihren Gatten besorgt an und fragt vorsichtig:

„Was machen wir jetzt?"

Erst nach endlos scheinenden zwanzig Sekunden antwortet er:

„Ich hab' da 'nen Plan!"

In Wirklichkeit hat er überhaupt keinen Plan, will sie aber nicht beunruhigen und wartet auf den berüchtigten *Rudolpho-*

schen Gedankenblitz, der aber ausgerechnet jetzt auf sich warten lässt. Sie haben sich daheim schon darauf geeinigt, dass es das Beste wäre, die Leiche irgendwie verschwinden zu lassen, da sie auf alle Fälle wegen Rudolphos Todesmaschine bestraft werden würden und weil er nicht sofort die Polizei verständigt hat. So fahren sie ziellos weiter in die Nacht in östlicher Richtung.

Nach einer Viertelstunde Fahrt rutscht Margit nervös auf ihrem Beifahrersitz hin und her.

„Ich glaube unser Fahrgast im Gepäckraum fängt schon zu stinken an!“

Dabei schnüffelt sie mit der Nase nach hinten.

„Nee, ich glaub, das kommt von da vorn.“

Rudolpho hat anscheinend die Hosen voll und will nur ablenken.

„Beeilen wir uns, bevor es hell wird, müssen wir fertig sein.“

Er weiß vor Aufregung gar nicht so genau wo sie nun sind. Sie traut sich nicht mehr weiter zu fragen und vertraut seiner grenzenlosen Kreativität. Eine weitere Viertelstunde später überqueren sie auf der Landstraße eine Brücke über die Autobahn. Seine Augen werden glasig, denn er spürt förmlich seinen Gedankenblitz. Dabei legt er dermaßen eine Vollbremsung hin, dass Margit sich den Kopf an der Windschutzscheibe anschlägt.

„Spinnst du?“, mault sie.

„Ich hab’s!“, entgegnet er, „wir schmeiß’n den Mistkerl einfach von der Brücke vor einen LKW.“

Rudolpho schaltet die Fahrzeugbeleuchtung aus. Er und Margit schauen sich vorsichtig um, ob ein anderer Wagen in der Nähe ist. Nur die grelle Sichel des Halbmondes spendet ein wenig Licht, ansonsten ist die Umgebung dunkelschwarz. Mühselig hieven sie das schwere Bündel aus dem Kofferraum und ziehen es an das eiserne Geländer der Brücke. Etwa alle zehn Sekunden rast ein PKW unter ihnen vorbei.

„Sonst ist die blöde Autobahn immer voller LKWs, aber wenn du mal einen brauchst, fährt keiner vorbei!“

Er sieht sich um und zuckt plötzlich zusammen. Auf der Landstraße, noch weit entfernt, bemerkt er die Lichter eines Fahrzeuges. Schätzungsweise ist das Fahrzeug in etwa einer Minute hier. Er hechtet in den Wagen, fährt ihn über die Brücke in einen Seitenweg und setzt sich diese komische Schildmütze mit der Aufschrift *NY* auf. Er denkt, dass er damit mindestens einundzwanzig Jahre jünger aussieht. So rennt er zurück zu seiner Frau, die immer noch völlig aufgelöst und weinend das leblose Bündel festhält um es im geeigneten Moment über die Reling stoßen zu können.

Etwa zehn Meter von ihnen entfernt hält nun der Wagen an. Ein junger Mann mit kurzen Haaren steigt aus und fragt:

„Kann ich Ihnen irgendwie helfen?“

Rudolpho versucht wie ein Ami zu sprechen, der schlecht Deutsch kann:

„Nou, sänks, unser Braser häd zu dieb in’s Glas geluggd un muss sich än momendlä auskodzen. Is oll ou kei. Wii wohnen nichd long weg, bei a Frend.“

„Ach, dann sind Sie offensichtlich Gäste der Pension Frankenwald. Die ist nur noch zweihundert Meter entfernt.“

„Yess änd tsängs, sät schaffn wi scho! Wi wolln walking dordhin. Auer Braser änd mei Sisder brauchen dringend noch fresch äihr.“

Mit einem „O.K., wie Sie wollen“ verabschiedet sich der junge Mann.

„Schon wieder so ein paar irre Amis, die nicht mal eine Maß Bier vertragen“, murmelt er, steigt in sein Auto und fährt weiter.

Gerade will Rudolpho aufschnaufen, da bemerkt er in der Ferne ein blaues Blinken. Erst klein wie ein Glühwürmchen und noch ein paar Kilometer entfernt, aber es wird schnell größer.

„Misd, die Bullen sind im Anmarsch“, brummt er und erschrickt dabei selbst über seine Ganovensprache.

Margit zittert immer noch vor Aufregung am ganzen Körper.

„Lieber Himmel, so eine Scheiße.“

Von Weitem hören sie von der Autobahn unter ihnen nun das langersehnte Brummen eines schweren Lastzuges.

„Hoffentlich beeilt der sich ein bissle und ist ein Gigaleiner“, betet Rudolpho. Sie warten noch, bis sie sich sicher sind, dass kein leichteres Fahrzeug vor dem LKW fährt, denn dies hätte nicht den erwünschten *Schpliddereffekt*, wie Rudolpho seiner Frau kurz zu erklären versucht. Das Blaulicht kommt inzwischen gefährlich näher und unter der Brücke donnert der langersehnte Lastkraftwagen durch.

„Hopp, pack mers!“ ruft Rudolpho und hebt das Bündel an den Füßen hoch, sodass der leblose Körper auf dem Geländer das Gleichgewicht verliert und in die Tiefe stürzt.

Sofort und ohne sich umzudrehen rennen beide, flott wie zwei Zwanzigjährige, die Brücke entlang in Richtung ihres Autos, während das Polizeiauto immer näher kommt. Margit schwächelt etwas und fällt auf den harten Asphaltbelag. Rudolpho zieht sie an der rechten Hand hoch. Es ist wie in ihren Alpträumen. Keuchend und schwitzend wie zwei Rennpferde beim Zieleinlauf erreichen sie das Ende der Brücke. Kurz bevor sie in den Lichtkegel des Fahrzeuges kommen, werfen sie sich geistesgegenwärtig nach rechts in den rettenden Graben.

Der Wagen fährt mit ungebremster Geschwindigkeit weiter. Die beiden Uniformierten in dem Fahrzeug bemerken die beiden Alten im Straßengraben nicht, deren Herzschläge fast das Fahrgeräusch des Wagens übertönen. Die Polizisten sind gerade auf dem Weg in’s Nachbardorf, wo eine Frau ihren Mann verprügelt, was ja nicht alltäglich sein soll. Das wollen die Beamten unbedingt einmal mit ansehen, weswegen sie auch keine Zeit für irgend so eine Nichtigkeit wie eine tote Leiche gehabt hätten.

Fix und fertig lassen sich die beiden Alten in die Sitze ihres Wagens fallen. Margit greift sich an den Kopf und japst, noch völlig außer Atem:

„Ich glaube… wir haben nicht die Leiche… sondern den Sack Kartoffeln übers Geländer... geworfen, den wir noch vom Supermarkt im Auto hatten."

„Was is'… was meinst… meinst wirglich?", schnaubt der ebenfalls nach Luft schnappende Rudolpho

„Na… riechst du das denn nicht... den Leichengeruch?"

Es stinkt wirklich bestialisch. Rudolpho schnuppert nach allen Seiten und klärt lachend seine Gattin auf:

„Na siehst du denn ned, dass du im Graben scheinbar in Hundescheisse g'fall'n bist, dein Mantel ist ja ganz verschmiert! Aber, damit du Ruhe gibst, schau ich noch mal nach."

Er steigt aus, öffnet die Heckklappe, wühlt hinten im Kofferraum herum und schlägt fluchend den Deckel wieder zu. Dann steigt er mit ernster Miene zurück auf den Fahrersitz zu seiner Holden.

„Du hast Recht!"

Das halten ihre Nerven nicht mehr aus. Sie nimmt beide Hände vor's Gesicht und fängt hysterisch an zu kreischen.

„Du hast recht g'habt…", wiederholt er grinsend, „da hind'n liegt noch ein Sack Kartoffeln vom Subermarkt."

Sie benötigt nach diesem Schreck ein paar Sekunden um zu registrieren, dass er schon wieder nur einen seiner berüchtigten Rudolpho-Witzchen gemacht hat.

Mit den liebevollen Worten „Du Idiot, du verdammter Clown, du blödes Arschloch" trommelt sie wie verrückt mit beiden Fäusten auf ihn ein.

Als sie damit aufhört, sagt er:

„Is' ja alles gut, jetzt fahren wir heim."

Er startet den Wagen, fährt, um sicher zu gehen, dass man sein Nummernschild nicht gleich sieht, die ersten hundert Meter sehr langsam und ohne die Beleuchtung anzuschalten. Fünfhundert Meter weiter schaltet er das Licht ein und sie sausen ohne ein Wort miteinander zu reden mit Vollgas in Richtung Heidingsfeld.

Das Filmchen

Dienstag, 03. April 2012 - 06:30 Uhr

Es ist schon hell, als beide, völlig matt und ausgelaugt von den Geschehnissen der letzten Stunden, in's Bett fallen. Vorher haben sie abgesprochen, an diesem Tag erst um die Mittagszeit aufzustehen und somit die morgendliche Prozedur mit Frühstück, brauner Brühe und so weiter ausfallen zu lassen.

Beide schlafen sofort ein und Rudolpho befindet sich inmitten eines Horrortraumes: Ein Schwarzhaariger mit blauer Lederjacke, langem Bart und blutigem Gesicht verfolgt ihn und Margit auf der Landstraße mit einem Vierzig-Tonner-LKW und einer Ladung von tausenden schwarzen Mambas. Sie rennen um ihr Leben und kommen trotzdem nicht von der Stelle. Der bullige Lastwagen wird schneller. Noch zehn Meter, dann werden sie von den riesigen schwarzen Reifen plattgewalzt oder als blutrote Kühlerfiguren aufgespießt. Nur noch ein halber Meter. Da hört er plötzlich den Radetzki-Marsch.

„So ein Schmarr'n, jetzt spiel'n die im Himmel auch schon den Mist", flucht er im Traum. Doch dann ertönt der Radetzky-Marsch erneut. Er wacht auf, rumpelt hoch und schaut im Halbschlaf auf den Wecker auf seinem Nachttisch. Die Uhr scheint zu Rudolpho zu sagen: „Fünf vor Zwölf, warum steht ihr alten Säcke denn noch nicht auf, seid ihr etwa schon tot?"

„Was gibt's denn?", meldet sich Margit schlaftrunken zu Wort.

„Wart', ich schau mal nach", antwortet ihr Ehemann gähnend. Schon wieder nervt dieser blöde Radetzky-Marsch. Er torkelt er zur Haustüre und schaut vorsichtshalber nochmals durch den Türspion.

„Oje, Kurdi ande bordas", stöhnt Rudolpho, öffnet die Tür und schaut Kurti mit müden Augen an.

„No Kurdi, was machst du denn in aller Herrgottsfrüh schon da?"

„Hä hä hä, sach mal, bist du ein wenig Meschugge, es ist schon Middach!“

„Waaas schon so spät?“, heuchelt Rudolpho,

„So ein Mist, dann hat mei Wegger[9] heut’ wieder mal ned funktioniert.“

„Sach mal, was war denn letzte Nacht bei euch los, wohin seid ihr denn so schnell abgedüsd? Ich bin fei bei euer’m Krach aufgewacht und wollt dich frag’n, ob ihr eine Kopfwehdabledd‘n für mich habt.“

„Jooooooo, die Sache war die… ähhh… ich hab’ der Margid schon lang mal verschbrochen äääähhhh… den Sonnenaufgang an der Mainschleif‘n bei der Vöchelesburch bei Volkach anzuguggen, und gestern Abend war uns einfach danach.“

„Hä hä hä, dann bist du Rindviech aber in die falsche Richtung abgerauscht“, bemerkt Kurti spöttisch. Er denkt sich aber nichts dabei, weil er weiß, wie verrückt die beiden Alten sind.

„Mal ganz was anderes“, fängt er an, „hast du heut’ Nachmiddach Zeit? Ich möchte dich zu einem Schälchen Hopfensaft einlad’n. Der Bote hat mir gestern ein neues Video gebracht. Das könnten wie bei mir anglotz‘n. Ich glaub, das ist ein ganz heißer Streifen!“

Rudolpho blinzelt ihn müde an.

„Schau mer mal, aber jetzt muss ich erst mal meinen Wegger wegg‘n, sonsd schläfft die noch bis zum Abendessen durch.“

„Hä hä hä, also dann, kommst so um Drei?“

Rudolpho überlegt, dass es vielleicht zu auffällig wäre, wenn er nicht hinginge und antwortet kurz mit „Also gud!“

„Hä hä hä, dann mach’n wir wie immer ein Sieben-Gang-Menü.“

Rudolpho kennt den Gag schon. Mit Sieben-Gang-Menü meint Kurti eine Tiefkühlpizza, das einzig Essbare, womit seine Jung-

[9] Mit „mei Wegger“ meint er seine Frau, die im Normalfall immer vor ihm wach ist und diese äußerst undankbare Aufgabe, ihn zu wecken, übernimmt.

gesellen-Kühltruhe vollgepackt ist und ein Sixpack Hofbräu, den Rudolpho zu solchen konspirativen Treffen mitbringt.

Als sein Nachbar endlich weg ist, weckt Rudolpho seine Frau. Beide trinken erst einmal ihre braune Plörre, die allerdings an diesem Mittag etwas stärker ausfällt als sonst. Sie will sich nachmittags mit einem Uta Nutella-Roman ablenken und er beichtet ihr, dass er dem Kurti schon zugesagt hat, heute Nachmittag zu ihm zu gehen. Er muss dies unbedingt tun, damit dem Nachbarn nichts auffällt.

„Ja, ja, lass mich jetzt nur alleine", jammert sie.

Im Grunde ist sie froh, dass sie diesen Chaoten wenigstens einmal für ein paar Stunden los ist.

Kurti und Rudolpho sitzen um 15:30 Uhr vor dem Fernseher, um gemeinsam das neu erstandene Video anzuschauen.

„'Ne Viagra?"

Kurti hält ihm ein offenes Metallschächtelchen unter die Nase. Die ovalen Pastillen darin sind mit blauer Lebensmittelfarbe eingefärbt.

„Was soll der Quatsch, seid wann gibt's die Fishermans in Blau?", fragt Rudolpho verwundert.

„Hab' die bei e-Bay als Potenzmittel versteigern woll'n, aber keine Sau hat die hab'n wollen. Jetzt muss ich die 5000 Bäggle selber fress'n. Von den ersten hundert hab' ich heut' schon eine Magen-Darm-Kolich hinter mir und war auch scho' zwei Stund'n deswegen auf'm Dopf."

„Was machst du auch immer für an Blödsinn?"

„Bist du dir auch wirklich sicher, dass du mir keine Baggung davon abkaufen willst? Kriegst auch einen Kumpel-Sonderpreis von mir. Und des Einfärb'n von den Basdill'n berechne ich dir auch ned!"

Rudolpho ist mit seinen Gedanken ganz woanders. Er wacht erst von seinem Tagtraum auf, als Kurti furchtbar zu schimpfen anfängt.

„Der Film is ja ein furchtbarer Mist, keine einzige Sexszene, nur so depperde Flugzeuche die ganze Zeit."

Dann schaut er sich die Hülle des Filmes nochmals genauer an und mault weiter:

„Da steht doch ganz eindeudig auf der Baggung *Lustkrieg um England.*"

Urplötzlich klickt es in seinem Hirn und er fasst sich an das selbige.

„Hä hä hä, ich Debb, das ist ja ein deutsches ‚F' und kein lateinisches ‚S'. Dann heißt der blöde Didl ja *Luftkrieg um England*, Underdid'l *Sommer 1940*!"

Mit einem gedankenversunkenem „Wäre mir jetzt gar ned aufg'fall'n. Ich muss jetzt wieder mal zur Margit 'nüber, und danke für den Kaffee" verabschiedet sich Rudolpho und trottet heim.

Kurti schüttelt nur den Kopf und lacht.

„Hä hä hä, es war doch ein Bierle, du Dussel! Naja, heut' hat mein Rudolpho anscheinend wieder mal seinen Psycho-Tag."

Er entnimmt dem Recorder diese langweilige Kassette und steckt sie in die dafür vorgesehene Hülle. Danach stellt er sie in das große Billy-Holzregal neben dem alten Röhren-Fernseher. Dort bewahrt er seine umfangreiche Videosammlung auf - inzwischen 237 Pornos und 1 Kriegsfilm.

„Ich werd mir jetzt doch bald mal eine Brille kauf'n müss'n."

Kurti erinnert sich, dass er neulich schon einmal in eine furchtbar peinliche Situation in der Volkshochschule verstrickt worden ist. Im Programmheft hat er den Kurs *Stricken macht Spaß* entdeckt und meldete sich überstürzt an. Da er nicht im Besitz einer

Lesebrille war, formte sein krankes Hirn aus dem ‚Str' ein ‚F'. Freudig erregt fuhr er mit der Straßenbahn zur Volkshochschule in die Münzstraße. Als er zum Kursbeginn den Raum betrat, freute er sich schon, dass außer ihm nur Damen anwesend waren.

Mit den Worten „Jetzt zeigen Sie mal, was Sie als Mann schon können!" legte ihm die Kursleiterin ein pinkfarbenes Wollknäuel und zwei Stricknadeln in die Hand.

Verstört bemerkte Kurti:

„Das ist aber jetzt schon ein bissle pervers!"

Dabei versuchte er sich seiner Hose zu entledigen. Woraufhin er im Club der Hausverbotssammler aufgenommen wurde.

„Macht auch nix", dachte er und schlenderte wieder heim. Er hatte in seiner Fernsehzeitschrift etwas von einer Erotiksendung gelesen. Da er ja ohne seine Lesebrille schlecht sieht, erreichte sein Gedächtnis nur den Titel *Anne will*! Dabei wunderte er sich, als hier eine Lesbe mit fünf Männern nichts anderes veranstaltete als nur dummes G'schmarri.

Die Wette

Es dauert ein paar Tage, bis das alte Ehepaar das schreckliche Erlebnis körperlich und seelisch verarbeitet hat. Mit der Zeit verdrängen sie die dunklen Gedanken und gehen zur gewohnten täglichen Routine über. Außer Kurti stört niemand ihre Rentnerruhe und so fühlen sich beide nach zwei Wochen sicher und reden sich ein, dass die ganze Sache nur ein schrecklicher Alptraum gewesen ist. Auch Rudolphos seltsamer Humor scheint langsam wieder zurückzukehren.

Um 16 Uhr trinken sie gemeinsam etwas, was sie Kaffee nennen und sehen dabei ihre geliebte Seifenoper im Fernsehen an, als er noch kurz über Ohrstöpsel die Lokalnachrichten auf seinem Würzburger Lieblingssender Radio Stradivari anhört. Danach geht er sonst immer seine Runde walken.

Margit wundert sich, während sie ihn durch die halb geöffnete Wohnzimmertüre heimlich beobachtet. Irgendetwas ist anders als sonst. Er zieht sich nicht seine weißen Laufschuhe und seine Jogginghose, sondern seine braunen Lederschuhe, seine braune Stoffhose und seine alte blaue Stoffjacke an. Komisch, die hatte sie doch neulich erst entsorgt? Rudolpho hat sie wieder aus der Tonne gerettet. Dann setzt er seinen verbeulten Hut auf und steckt seine schwarze Sonnenbrille ein. Noch bevor sie dumm fragen kann, nimmt er seinen Spazierstock und knallt hastig nach einem kurzen „Dschüßle“ die Haustüre hinter sich zu. Sie schaut ihm heimlich aus dem Küchenfenster nach, wie er noch auf dem Gehweg seine schwarze Sonnenbrille aufsetzt und sich bemüht, etwas gebückt und auf den Stock aufgestützt zu gehen.

„Jetzt ist er völlig neben der Kappe“, denkt sie und schüttelt mit dem Kopf.

Sie hat es sich abgewöhnt, längere Zeit über die idiotischen Ideen ihres Gatten nachzudenken. Mit den Worten „Er ist ja schon groß und muss selber wissen, was er treibt!“ setzt sie sich auf das Sofa und freut sich, dass sie endlich einmal in Ruhe ihren in der Bibliothek ausgeliehenen Kriminalroman fertig lesen kann (leider bemerkt sie zu spät, dass die letzte Seite fehlt).

„Scheiß auf des Walk'n, ich hab' besseres vor!“, denkt Rudolpho, als er sich auf der Straße die Sonnenbrille aufsetzt. Leute schauen ihn verwundert an, da es bewölkt und deshalb relativ dunkel ist. Er denkt aber nicht darüber nach und murmelt leise:

„Rudolpho Rudolpho, das gibt wieder eine Mordsgaudi.“

Die dunkle Brille verdeckt das diabolische Funkeln seiner Augen. Vor gut einer halben Stunde hat er auf Radio Stradivari eine Meldung mitbekommen, dass in der Stadt nach einem geistig verwirrten Alten gesucht wird, der aus einem Seniorenheim ausgebüchst ist und nun höchstwahrscheinlich hilflos umherirrt. Der Radiomoderator hat den Flüchtigen folgendermaßen beschrieben: „Der Vermisste trägt braune Jeans, braune Lederschuhe, eine blaue Jacke, hat einen schwarzen Filzhut auf und einen Gehstock dabei. Außerdem trägt er eine große schwarze Sonnenbrille!“

Es dauert keine Viertelstunde, bis ein silberner BMW mit blauen Streifen und der Aufschrift Polizei neben ihm anhält. Zwei Uniformierte steigen aus und einer redet mit beruhigender Stimme auf ihn ein.

„So, Herr Brenner, Ihr Ausflug ist nun vorbei, wir bringen Sie jetzt wieder nach Hause.“

Rudolpho antwortet ganz erstaunt:

„Wer zum Deuf'l ist Herr Brenner?“

Derweil haken sich die Beamten bei ihm ein und befördern ihn in's Polizeigefährt. Rudolpho genießt die Fahrt in's Altenheim und sagt dabei keinen Pieps.

„So Herr Brenner, wir sind da, bitte steigen Sie aus."

Dabei hält einer der Uniformierten die Wagentüre auf.

„Aber ich bin doch kein Brenner!", reklamiert er lauthals.

Die beiden Beamten jedoch wissen genau, wie man mit so einem dementen alten Ausreißer umgehen muss.

„Ist ja schon gut, Herr Brenner, wir bringen Sie jetzt auf Ihr Zimmer."

Nach dem Eingang kommt ihnen die Heimleiterin entgegen. Stolz sagt der Beamte, der Rudolpho im Arm hat:

„Hallo Frau Meier, wir bringen Ihnen Ihren Ausreißer wieder zurück, er war im Städtle bummeln, bevor wir ihn in der Klingenstraße aufgegriffen haben."

Die Frau schaut die traurige Gestalt mit einem äußerst erstaunten Gesichtsausdruck an und bemerkt:

„Wer ist das?"

„Der Beschreibung nach ist das doch Herr Brenner."

„Das ist nicht Herr Brenner!"

„Wie? Das ist nicht Herr Brenner?"

„Herrn Brenner hat Schwester Ilse vorhin auf dem unteren Damenklo gefunden."

„Und wie geht es ihm?", fragt der immer noch fassungslose Beamte, bevor seine Klauen von Rudolpho lassen.

„Nicht so gut!"

„Was hat er denn?"

„Er ist tot. Das Herz!", sagt die Heimleiterin und versucht sich dabei verzweifelt vorzustellen, wie sie gerade in eine saure Essiggurke beißt, um ein trauriges Gesicht zustande zu bringen. Es geling ihr nicht so recht. Dafür ist sie schon zu sehr abgestumpft. Blankes Entsetzen in den Augen der beiden Beamten. Sie sehen ihre Beförderungen um Jahre schwinden. Fast gleichzeitig stottern sie in Richtung Rudolpho:

„Ja, und wer sind eigentlich Sie?“

„Ich hab‘s Ihnen doch gleich g’sagt, dass ich kein Brenner bin, aber die Herrn Polizisden ham mir ja nix geglaubt.“

„Ihr Outfit war dem Gesuchten aber auch verdammt ähnlich.“

„Audfidd? So einen modernen Blödsinn hab’ ich gar ned. Und jetzt fahrn‘s mich gefälligst heim zu meiner Frau, die wartet schon mit dem Abendess‘n auf mich. Gell, sie ham meine Gattin noch ned erlebt, wenn die wütend ist. Also los, *zack zack* meine Herr‘n. Ned, dass sie mich bolizeilich such’n lässt und ihr Vorgesetzter dann davon erfährd!“

Es fällt ihm äußerst schwer, nicht laut loszulachen, als ihn die Polizisten eiligst wieder in ihr Gefährt verfrachten, um ihn nach Hause zu fahren. Während der Fahrt nervt er die Beamten mit allerlei unsinnigen Fragen. Zum Beispiel, ob es schon vorkam, dass ein Polizist mit einer Kollegin beim *auf Streife gehen* schon einmal Sex hatte oder ob sie ihn nicht vielleicht mit eingeschaltetem Martinshorn und Blaulicht fahren könnten, so kämen sie doch viel schneller voran. Die Polizisten verneinen und schütteln nur verzweifelt mit ihren Köpfen. Sie lassen sich auch nicht auf eine Diskussion ein, warum das Blaulicht blau und nicht z.B. Lila ist - weil es sonst blödsinnigerweise Lilalicht heißen würde und ob das Martinshorn etwas mit dem Martinstag oder dem Horn von seinem ehemaligen Schulkameraden Martin zu tun hätte, das er ihm bei einem Streit einmal verpasst hatte.

Zur Aufmunterung erzählt Rudolpho ihnen dann noch einen Witz.

„Kennen Sie den schon, wie ein Bolizeibeamter an einer Kreuzung den Verkehr regelt und ein kleiner Bub schaut ihm mit groß’n Augen zu? Als der Bolizist zu ihm hinüber geschrien hat: ‚Na Bub, willst auch mal Bolizist werd’n‘?, antwortete der kleine Bub: ‚Nee, i ned - aber mein Bruder, die faule Sau.“

Rudolpho wundert sich sehr, dass keiner der beiden Polizisten über diesen Super Gag lacht.

„Naja“, denkt er, „wahrscheinlich kennen die das Witzle schon.“

Bevor Rudolpho aus dem Polizeiwagen aussteigt, fragt er die Polizisten noch, ob sie ihm den Vorfall schriftlich bescheinigen könnten. Die Polizisten sind zuerst skeptisch, da sie Angst haben, Rudolpho wolle den Vorfall publik machen. Er beruhigt sie aber, dass er dieses Schriftstück nur für seinen Freund Kurti benötigt, der ihm immer nichts glaubt und sie ihm nur bestätigen sollen, dass er eine Fahrt mit dem Polizeifahrzeug unternommen hat.

Herr Rudolpho Schmitt fuhr heute im Streifenwagen mit. Gezeichnet: Polizeihauptmeister Struck steht auf dem Zettel, den der genervte Polizist ihm darauf hin gibt. Das reicht Rudolpho vollkommen, er verlässt zufrieden das Fahrzeug und läuft zu seinem Hauseingang. Die Beiden sind heilfroh, dass sie diesen Idioten endlich los sind! Sie fahren zu ihrem nächsten Einsatz und erfahren gerne von der Zentrale, dass sie nur zu einer Massenschlägerei in's Lokal Maulaffenbäck gerufen werden. Lieber handeln sie sich dort ein paar blaue Flecken ein, als dass sie nochmals so einen nervigen Fahrgast befördern.

Margit wartet tatsächlich schon mit dem Abendessen auf ihren Psycho und sieht nervös aus dem Fenster. Deshalb bemerkt sie auch, dass eine Polizeistreife vor ihrem Haus anhält. Auf dem Rücksitz sitzt ein komisch gekleideter Mann, sie denkt:

„Ist ja lustig, der sieht ja fast aus wie mein Alter!“

Sie beobachtet weiter, wie der Mann auf dem Rücksitz noch eifrig auf die beiden Polizisten im Streifenwagen einredet, diese ihm dann einen Zettel in die Hand drücken und er aussteigt.

„Zum Teufel, er läuft ja zu unserer Haustüre.“

Ihr stockt fast der Atem als sie ihren Göttergatten in dem komischen Aufzug wiedererkennt. Da er zu faul ist, den Haustürschlüssel aus seiner Hosentasche zu kramen, löst er mittels Drücken auf den Klingelknopf den Radetzky-Marsch aus. Der Empfang ist weniger herzlich.

„Was hast du Irrer denn jetzt schon wieder angestellt und warum bringt dich denn eine Polizeistreife heim?“

„Ach, es ging doch nur um eine Wette“, sagt er kleinlaut und grinst dabei wie ein kleiner Junge, der beim Schafkopfspielen fünfzig Cent gewonnen hat. Er denkt insgeheim an das Gesicht von Kurti, wenn er ihm den Zettel unter die Nase hält und der wegen seiner verlorenen Wette zwei Kästen Hofbräu ausgeben muss.

„Natürlich bekommt er davon auch ein Fläschchen ab“, denkt Rudolpho. Er ist ja kein Unmensch.

Das Chaos

Beim Frühstücken hat sich Margit hinter der Main Post verschanzt. Rudolpho sitzt ihr am Küchentisch gegenüber und wundert sich über ihr gelegentliches Kichern. Dabei wirft er sich fünf Scheiben Salami auf seine Kümmelkipf-Matratze[10], schmiert noch eine halbe Tube Feuersenf darauf und versucht, die morgendliche Ruhe zu genießen.

Doch das mit dem Genießen wird wohl nichts. Margit fragt:

„Hast du den Artikel über das Chaos im Mediamarkt am Würzburger Handelshof schon gelesen?“

Rudolpho verschluckt sich, als er gerade die Tasse mit der berüchtigten braunen Brühe zum Trinken ansetzt und prustet:

„Ja ja ja, hab's gelesen.“

Sie beißt genüsslich in ihre klebrige Himbeermarmeladensemmel und liest schmatzend und unbeirrt weiter.

„Du, das muss ich dir unbedingt vorlesen, ist schrecklich lustig. Da steht, dass ein Rentner in den Elektronikmarkt am Handelshof ging, sich ein Spielzeugmegaphon schnappte und die eingebaute Sirene einschaltete. Als ihn dann alle Leute anschauten, brüllte er hinein: ‚Achtung Achtung, hier spricht die Polizei! Bombenalarm! Bitte verlassen Sie sofort das Gebäude, ich wiederhole, verlassen Sie umgehend das Gebäude. Bombenalarm! Ich wiederhole! Hier spricht die Polizei, verlassen Sie sofort das Gebäude. Die Angestellten werden gebeten, sich im Halbkreis vor dem Gebäude aufzustellen.“

Sie lacht laut.

„Hi hi hi, und hier steht weiter, dass alle Kunden und auch die Angestellten mit ihren roten Jäckchen wie gejagte Kaninchen aus dem Markt rannten. Es gab 15 Leichtverletzte.

---

[10] Brötchenunterteil

Hi hi hi, sie schreiben weiter: Zum Glück sind keine Todesopfer zu beklagen. Doch die Menge stieß bei der Flucht aus dem Verkaufsraum unzählige Regale mit Flachbildschirmen und allerlei Kleingeräten um. Nach einer halben Minute war das Geschäft vollkommen menschenleer und sah aus wie nach einem Tsunami. Der Sachschaden wird auf etwa zweihunderttausend Euro geschätzt. Als die Polizei eintraf, war der Verursacher verschwunden."

Sie senkt langsam die Zeitung, mustert ihren Rudolpho ganz kurz mit großen Augen und liest weiter vor.

„Hier steht sogar eine ungefähre Täterbeschreibung. Es handelt sich um einen älteren Herrn, ca. 1,80 Meter groß, etwa Mitte 60, mit grauen mittellangen Haaren. Die Polizei bittet um sachdienliche Hinweise auf den Verursacher. Der Markt hat inzwischen für Hinweise, die zur Ergreifung des Täters führen, eine Belohnung von eintausend Euro ausgesetzt."

Sie lacht herzhaft, während sie ihm diese Zeilen aus dem Regionalteil vorliest.

„Ha, ha ha, ist das nicht lustig, Rudolpho, was sagst du dazu?"

Während Rudolpho sein angebissenes Salamibrötchen hypnotisiert, mault er leise:

„Naja, was is' denn schon dabei? Darf man denn so ein Megaphon ned wenigstens mal ausprobier'n, bevor man es käfft?"

Margits Gesichtsausdruck verfinstert sich. Sie hat da so eine vage Idee, wer der unbekannte Alte im Media Markt gewesen sein könnte. Rudolpho studiert inzwischen intensiv die Prospektbeilage des Baumarktes.

„Na, gibt's denn was Interessantes im Praktiker?"

„Ja, Kettensägen zum Spottpreis. Nur 139 Euronen."

„Was willst du denn mit einer Kettensäge? Für unsere Büsche im Garten reicht doch unsere Bonsaischere!"

„Naja, ich könnte mich damit selbständich mach'n."

„Hee, in Kanada als Baumfäller, oder was?"

„Nee, in Würzburg."
„In Würzburg als Baumfäller?"
„Nee, bei der Bolizei!"
„Hi hi hi, hab' ich doch tatsächlich ‚bei der Polizei' verstanden."
Da sie ihn ja kennt, weiß sie genau, dass dies wieder einer seiner Rudolpho-Scherzchen ist.
„War ja nur so a Idee. Ich hab' neulich in der Mee-Bosd[11] g'lesen, dass die schon lang einen Keddensächenmörder such'n, der in Unterfrank'n aktiv ist. Könnte mich doch mal dafür bewerb'n!"
„Du spinnst doch total, dafür bist du doch völlig ungeeignet. Dazu nehmen doch keinen so alten Sack wie dich!", bemerkt sie liebevoll.
Trotz Margits Einwand kauft sich Rudolpho am nächsten Tag eine Kettensäge. Die braucht er für einen neuen Super-Plan.

Eines Abends gegen 20:00 Uhr ist Rudolpho alleine zuhause, da Margit mit ihren Tratschweibern auf einem Klassentreffen in der Hätzfelder Büttnerstube ist. Plötzlich läutet es an der Haustüre. Er guckt durch den Türspion und sieht ein paar dunkle vermummte Gestalten mit Knüppeln in der Hand. Er öffnet die Türe einen kleinen Spalt und ruft:
„Momend ämol!"
Eine halbe Minute später reißt er blitzschnell die Türe auf. Die dunklen Gesellen starren vor Schreck steif wie Granitblöcke auf die furchterregende Gestalt mit einem weißen, blutverschmierten Umhang, den Rudolpho mit Blut (also Ketchup) kunstvoll präpariert hat. Ebenso seine blutverschmierte Frankenstein-Gummi-Horrormaske. Mit beiden Händen umfasst er die lautstark dröhnende Kettensäge. Dabei krächzt er:
„Ho ho ho, wollded ihr etwas Süßes oder Saures?"

[11] Würzburger Tageszeitung Main-Post

Zufrieden lächelnd sieht Rudolpho zu, wie die fünf wilden Figuren raketenartig in alle Richtungen davon düsen. Seitdem wird er nie mehr mit diesem idiotischen Halloween-Scheißdreck belästigt. Die gebrauchte Kettensäge hat er erfolgreich bei eBay als Allzweckwaffe versteigert.

Der Power-Gruftilator

In Heidingsfeld wundert sich schon lange niemand mehr, wenn der verrückte Alte in der Lehmgrubensiedlung seine neuesten Erfindungen testet. Doch jetzt wird auch dem Letzten in der Gegend klar, dass dieser durchgeknallte Alte eigentlich in eine geschlossene Anstalt gehört. Jedenfalls am Tag nach der Jungfernfahrt mit seiner neuesten sensationellen Erfindung.

Ein paar Wochen nach dem Vorfall mit dem Enkeltrick-Betrüger hat Rudolpho wieder einen seiner berüchtigten kreativen Einfälle. Mit den Worten „Margidle, mir müss'n unbedingt was für uns're alten Tage dun!“ geht er in seinen Kreativraum und konstruiert und baut wochenlang an seinem neuesten Werk. Dabei ist er sehr kostenbewusst. Zuerst k(l)au(f)t er sich deswegen mittels eines Bolzenschneiders einen Einkaufswagen vor dem Kupsch-Markt (immerhin 1 Euro gespart).

Die metallischen Seitenwände hat er dann so bearbeitet, dass man zwei Lautsprecherboxen und eine Stereoanlage daraufstellen kann. Sogar einen kleinen Farbfernseher und eine Mini-Hausbar baut er ein.

„Man gönnd sich ja sonsd nix!“

An der Vorderseite dürfen natürlich auch keine Nebelscheinwerfer fehlen, denn man könnte im Alter ja auch einmal bei schlechterem Wetter unterwegs sein. Damit er immer freie Bahn hat, baute er sich auch noch eine sehr schrille Autohupe und ein blinkendes Blaulicht an sein Gefährt. Seine ursprüngliche Idee, den Einbau eines Maschinengewehres, verwirft er wieder. Wäre zwar viel effektiver wie Hupe und Blaulicht, aber die Munition wäre ihm bei seinen Aggressionen zu teuer geworden. Er hat ja waffentechnisch als Alternative seine Steinschleuder und jede Menge Stahlkugeln.

Um lautstärkemäßig gegen die Stereoanlage ankämpfen zu können, besitzt er außerdem noch ein Megaphon. Damit das Ganze nicht so schwer zum Schieben geht, bekommt das Fahrgestell noch einen kleinen Elektromotor und damit es nicht geklaut werden kann, eine Alarmanlage und eine elektronische Wegfahrsperre.

Dann ist es endlich vollbracht. Mit ernster Miene begutachtet er sein Werk von allen Seiten, aber irgendwas fehlt noch!

Dann die Erleuchtung:

„Ein Statussymbol!"

Heimlich schleicht er sich nachts aus dem Haus, klaut einen Mercedesstern und befestigt ihn auf der Vorderseite seiner Erfindung. Jetzt fehlt nur noch der Name. *Rudilator* war ihm irgendwie zu lasch und so nannte er das drollige Teil liebevoll sein *RPG*, die Abkürzung von *Rudolphos Power-Gruftilator*.

Ausgerüstet mit einem Eimer voller Oldie-CDs rollt er mit seinem *RPG*, begleitet von Steppenwolf und *Born to be wild* in voller Lautstärke die Straße hinunter, am müffelndem Katzenvernichtungslager ONKEL vorbei, am Mainkai entlang Richtung Stadtmitte Würzburg.

Entgegenkommende Passanten wechseln schon hundert Meter vor diesem angsteinflößenden Irren auf seinem *RPG* die Straßenseite. Die Glasfassade vom Modehaus Wöhrl scheppert verdächtig, als er in voller Lautstärke den *Summertime Blues* in der beinharten Fassung der Gruppe Blue Cheer aufdreht und mit seinem Gefährt daran vorbeizieht. Am Platz vor'm Vierröhrenbrunnen gegenüber dem Rathaus angekommen, nimmt er sich mit den Worten „Prost Rudolpho" ein Fläschchen Bier aus der Hausbar, spannt seinen großen roten Cola-Sonnenschirm auf, setzt sich auf seinen pinkfarbenen ledergepolsterten Sitz, den er aus dem Rollator herauszieht und beobachtet das Treiben auf dem belebten Wochenmarkt. Der findet wegen eines anstehenden Großereignisses anstatt auf dem Marktplatz auf dem Platz vor dem Vierröhrenbrunnen statt. Gerade, als er sich zwei Äpfel von einem Stand klauen will, bewegt sich etwas Pummeliges unter dem blau-weiß gestreiften Stoffdach, hinter dem mit rotbackigen Äpfeln, bunten Gladiolen, Chrysanthemen und anderem Unkraut überladenen Stand.

„No, Rudolphchen, wieder mal ein Folterinstrument gebastelt?“, ruft die kompakte Gestalt in ihrem blauen geblümten Kleid, dem grünen Schürzchen und ihrem gelben Kopftuch von ihrem Stand zu Rudolpho herüber. Zu spät erkennt er sie. Mit ihr hatte er in seiner Jugendzeit ein sehr kurzes Verhältnis. Sie war ihm irgendwie zu altbacken und so hat er damals die Affäre abrupt beendet. Insgeheim ist die Verflossene aber immer noch scharf auf ihn. Rudolpho fühlt sich in ihrer Nähe etwas unwohl.

„Dolles Audfid, Gerda“, ruft er zu ihr hinüber und rollt schleunigst ein paar Verkaufsstände weiter. Er findet ein ruhiges, verstecktes Plätzchen am munter plätschernden Steinbrunnen gegenüber dem Rathaus am Ende der Domstraße, die er mit den Song *Poor Boy* der Lords beschallt.

Er brummelt in seinen Bart:

„Jetzt sieht mich die Gäbummb‘l[12] wenigstens nix mehr.“

Dabei schaut Rudolpho auf ein verrostetes Wassermaul des Vierröhrenbrunnens, das seinen kräftigen Strahl munter plätschernd in das blaugrüne Wasserbecken kotzt. Am Brunnenboden glitzern ein paar Münzen, die irgendwelche Irre hineingeworfen haben, weil sie in ihrem Suff wahrscheinlich annahmen, sie wären am Wunschbrunnen in Rom. Die drei Euro und siebenunddreißig Cent, die Rudolpho herausfischt, reichen schon wieder für etwa drei Fläschchen Hofbräu aus dem Kupsch-Laden. Oder anderthalb Wurschtbrötchen vom unteren Markt. Stereophon begleitet von den Kinks mit *Waterloo Sunset* träumt

[12] Gäbummb‘l, eigentlich Gau Bummbel, ist eine etwas dickliche Landfrau mit niedrigem Intelligenzquotienten.

er von längst vergangenen Zeiten, als die Luft noch sauber war und der Sex noch schmutzig.

Irgendwie zieht es ihn mit seinem Geschoss weiter in Richtung Marienkapelle am unteren Markt. Hier lässt er sich am Obelisk nieder um die Leute ein wenig zu beschallen und zu beobachten. Nur der unverschämt aufdringliche Duft des Bratwurststandes stört diese Idylle. Da er ja noch etwas abnehmen will, reißt er sich zusammen, indem er sich einredet:

„Nee Rudolpho, du käffsd dir jetzt keine Wurschd, du willst doch abnehm'."

Nachdem er die dritte *Geknickte*[13] verdrückt hat, ist er satt und dokumentiert dies mit einem langen und lauten Rülpser. Das fällt aber nicht weiter auf, denn aus seinen Lautsprechern brüllt gerade die Gruppe Trashman ihren Hammersong *Surfin Bird.* In den Sechzigern hat man sich erzählt, dass der Sänger dieses Liedes langsam durchgedreht ist und während seines letzten Auftrittes ein ärmelloses Kittelchen bekam.

Weil ihm das Gedränge am unteren Markt zu groß wird, zieht Rudolpho wieder an den Vierröhrenbrunnen um. Dabei fischt er schon wieder fünfzig Cent aus der grünen Brühe. Nach zwei weiteren Entspannungswässerchen und zu seinem Lieblingsoldie *Radar Love* von Golden Earring hält es den Altrocker nicht mehr auf seinem Sitz. Wild mit seinen Armen und Händen fuchtelnd fängt er an, Luftgitarre zu spielen, damit sein Hemd, das vom Geldfischen pitschenass ist, schneller trocknet. Dabei versucht er ein ordentliches Headbanging hinzubekommen, bis

---

[13] Erklärung für Nicht-Würzburger und Wurschtlaien:
Eine Geknickte ist nicht etwa eine traurige Wurst, sondern eine Bratwurst, welche von der Verkäuferin in der Mitte einmal zusammengeknickt in das Brötchen gelegt wird, damit sie nicht aus dessen Seiten herausragt. Wie man munkelt, wurde dieses „System" am Wurschtstand des unteren Marktes in Würzburg erfunden. Dort sieht man mittags kilometerlange Schlangen anstehen, da es hier die besten Bratwurstbrötchen der Stadt gibt. (Vorsicht, Geheim-Tipp!)

plötzlich ein Kleinbus quietschend neben ihm auf der Straße zum Stehen kommt. Ehe er sich versieht, springen auch schon acht kleinwüchsige Gelbhäutige aus dem Gefährt und fangen aufgeregt an, diesen irren Luftgitarrenspieler von allen Seiten zu knipsen. Vermutlich nehmen sie an, dies ist ein traditioneller deutscher Straßenclown. Die abgebrochenen Riesen lachen und schäkern und jeder von ihnen will sich nun mit diesem *Original German Comedian* und seinem verrückten lärmenden Fahrzeug fotografieren lassen. Rudolpho ist verwirrt, als diese schwarzhaarigen Gelben wie ein aufgebrachter Wespenschwarm um ihn herumschwirren, von denen er kein Wort versteht und nicht weiß, was sie eigentlich von ihm wollen.

Kleinlaut traut er sich nur eine kurze Bemerkung machen:

„Oweia, seid ihr edwa die gelbe Gefahr oder von der Würzburcher Mü... Mü… Müll…?"

Er kommt in's Stottern, denn bevor sie wieder wie eine Horde Schimpansen, die in ihren Käfig getrieben werden, in ihr Fahrzeug rennen, stecken sie dem Alten noch einen Hundert-Euro-Schein in die Brusttasche seines geblümten Hawaihemdes, was ihm ein erleichtertes Lächeln um seine Mundwinkel zaubert. Dabei murmelt er:

„Na… äähh… ich meine von der Würzburcher Müllabfuhr die neuen gelb'n Säck?"

Zum Dank legt er den Davonbrausenden einen Titel auf. Aus seinem *RPG* brüllt Elvis *Muss i denn, muss i denn, zu-hum Städtele hinaus*. Rudolpho schaut ihnen nach, setzt sich auf sein Gefährt, seine Elvis-Sonnenbrille auf und philosophiert mit sich selbst über die guten alten Zeiten.

Eine gekrümmt schleichende Gestalt mit einer krächzenden Stimme aus Richtung Domstraße reißt ihn jäh aus seinem Tagtraum.

„Hä hä hä, unser Daniel Düsendrieb legt mid seiner neu'sden Erfindung wieder mal die ganze Stadt in Schudd und Chaos."

Sein Kumpel Kurti schlendert auf ihn zu.

„No, Alder, wie gehd's?"

„Gehd so, und selber?"

„Ach Rudolpho, du weissd doch was Jesus immer g'sachd hat: des Greuz bringd mich noch mal um."

Und in mitleiderregendem Ton fügt er noch hinzu:

„Gestern Abend hat wieder so eine scheiß Hex' auf mich geschossen"

„Jaja, die Misthex'n, aber sach mal, was hast'n da in der Tüte?"

„Hä hä hä, einen LKW mit ABS zum ESP."

„Einen was bidde?"

„Einen LKW mit ABS sogar mit ESP!"

Rudolpho schüttelt nur sein Haupt, woraufhin Kurti weiter frozelt:

„Hä hä hä, du weißt ned was a LKW mit ABS is'?"

„Du wirst mir's doch hoffendlich gleich sagen!"

„Das weiß doch sogar meine Urgroßmutter, dass das vom Kiliansbäck ein **L**eber**k**äs-**W**egg mid **A** **B**issla **S**enf ist."

„Und was is' ESP?"

„Mann Rudolpho bist du blöd? Nadürlich ein **E**inmalicher **S**onder**p**reis!"

Rudolpho lacht und bietet ihm an:

„Wenn du dich jetzt ordendlich aufführst, bekomms'd als Medizin gegen dein Kreuzweh ein Fläschle mit den guten Hopf'nblüd'ndropf'n aus meiner Hausabotheke."

Dabei wirft er ihm das Fläschchen zu. Rudolpho streckt ihm den Öffner entgegen, aber Kurti will unbedingt angeben und seine Show abziehen. Obwohl es ihm wegen seinem Hexenschuss höllisch wehtut, schwingt er sich mit der Flasche in der Hand auf den Brunnenrand und setzt die Flasche an seinem Gebiss an. Mit einem lauten Knacks entfernt er den Kronenkorken mit seinen Backenzähnen. Für dieses Kunststückchen beneiden ihn Rudolpho und die Zuschauer, die diese beiden Irren bis dahin mitleidig belächelnd und aus sicherer Entfernung beobachtet haben. Einige klatschen sogar Beifall. Kurti verbeugt sich kurz. Da ihn nun alle bewundernd ansehen, lässt er es sich nicht anmerken, dass ihm dieser Akt einen abgebrochenen Zahn samt kräftigen Schmerzen beschert.

Er tut also so, als wäre nichts passiert, als Rudolpho ihn fragt:

„Möchtest auch 'nen Apfel?“

„Nee danke, irch'ndwie mag ich jetzt keinen. Wo hast du die überhaubt her?

„Ooch, die sind mir gaaanz zufällig in mein RPG gefallen, als ich vorhin am Obststand vorbeigeschrammt bin.“

„RPG, was is des?“

„Na, du stehst davor, meine neueste Erfindung, Rudolphos Power Grufdillador, des weiß doch schon meine Urgroßmudder.“

„Hä hä hä“, lacht Kurti und nimmt einen tiefen Schluck aus der Buddel in der Hoffnung, dass dieser blöde Zahnschmerz endlich nachlässt.

„Rudolpho, du weißt doch sicherlich, warum deine Bommeranz'n[14] so schöne glänzende Äpfel had?“

„Nee, aber du wirst mir's sicherlich gleich erzähl'n.“

„Ich hab' sie heut' früh beobachded. Sie nimmt alle Äpfel einzeln in die Händ', spuckt kräftig drauf und wischt sie mit ihrer benutzen Rotzfahne blitzblank.“

Rudolph verzieht sein Gesicht und wirft den Apfel in den Brunnen.

„Bäähhhh.“

---

[14] Bommeranz'n = Orange oder auch ein junges Mädchen vom Lande

So sitzen sie den Rest des Nachmittags am Rande des Marktes, hören laute Musik und kreischen zusammen mit Mick Jagger: „Ei känt gedd nau - sädisfäkschäen."

Eine ältere Dame im dunkelblauen, weiß gepunkteten Kleid und einem hellblauen Stoffhut mit einer antennenartigen Pfauenfeder zuckelt mit einem echten Rollator vorbei und schüttelt verständnislos den Kopf. Sie meckert mit piepsiger Stimme:

„Diese verkommene Jugend, nur saufen und grölen, aber arbeiten wollen sie nix."

Eine andere, blondgelockte Dame mit einem engen schwarzen Kostüm und einer Oberweite, mit der Dirk Nowitzky seine helle Freude gehabt hätte, weil sie an zwei Basketbälle erinnern, zieht einen kleinen weißen Wadenbeißer an den beiden vorbei.

„Sach mal Rudolpho, warum ziehd sie denn ihren Wischmob am Bändle hinter sich her?"

Die erschreckte Frau sieht ihn empört an und schimpft:

„Lassen Sie gefälligst meinen Rambo in Ruhe!"

„Hä hä hä - Rambo. Hast g'hörd Rudolpho, Rambo heißd der Fodz'nlegger. Aber woher weiß denn die gude Frau überhaubd, wo bei der Fußhub'n vorn und wo hind'n is?"

Als wenn Rambo nun zeigen will, wo bei ihm vorne und hinten ist, hebt er das hintere Beinchen, um an den Brunnenrand seine Duftmarke zu spritzen. Das gefällt aber dem Rudolpho so ganz und gar nicht!

Er drückt auf seine überlaute Fanfarenhupe an seinem Gefährt, worauf das Flohtaxi mitsamt Dämchen vor Schreck einen Satz vorwärts macht. Sie nimmt das weiße Knäuel auf den Arm und stolpert klackernd mit ihren roten Stöckelschuhen aufgeregt schimpfend davon.

„Hast der ja ganz schön auf ihre aufgespritzten Eumel gestarrt", lästert Rudolpho, wobei Kurti etwas verlegen antwortet: „Nee Rudolpho, ich hab' nur überlegd, wie viele Badewannen und Duschwannen man mit der Masse Silikon hädde abdichten können. Aber Rudolpho, jetzt was anderes, mir fällt schon wieder eine sensationelle Gschäftsidee für uns ein."

„Nee, bidde ned schon wieder."

Obwohl Rudolpho sichtlich genervt ist, lässt Kurti nicht locker und verkündet stolz seine Idee.

„Mir schwebt da eine Hundekotverwertung vor."

„Nee, bidde ned Kurdi, des ist ja eg'lhaft."

„Hör's dir doch wenigsd'ns an."

„Neee!!!", schreit Rudolpho genervt.

Kurti lässt sich aber nicht einschüchtern, denn er findet seine Idee genial.

„Hör mal zu! Wir mach'n mit dem Stadtreinigungsamt einen Diel. Wir schbezialisiern uns erstens auf die Beseitigung der Hündlekods. Zweit'ns lassen wir uns von der Stadt die Lizenz geb'n, dass wir diese Dreggbamb'ln, ich mein die Besitzer von denne Hünd, kostenpflichtig abmahnen können, und drittens sammeln und verkaufen wir den Hündlekot als Spezialdünger, zum Beischbiel für Tomatenbeetle."

„Bfui Deifel - Neeeeeee!!!"

„No vielleicht Erdbeerfelder?"

„Neeeeeee, zum Donnerwedder!"

Kurti lässt sich nicht beirren und fragt:

„Na, is das ned eine brima Idee von mir, was sagst du denn?"

„Willsd' meine ehrliche Meinung hör'n?"

„Na immer!"

„Das ist die größte stinkende Hundescheiße, die sich jemals in deinem krank'n Hirn ang'sammelt hat."

Weil Kurti nun traurig auf den Mercedesstern schaut, versucht ihn Rudolpho etwas aufzumuntern.

„Jetzt lass den Kopf ned so hängen, weil ich deine Idee ned so doll finde und drink noch so ein Trostwässerle. Denk doch nur mal dran, was wir früher schon mit unser‘n Ideen für Pleiden erlebt haben.“

„Ooch, neulich die Idee mit dem Ball war doch ganz lustich, oder ned?“

Die Idee mit dem Ball war wirklich lustig. Neulich rührte Rudolpho einen Rest Zement an, den er in seinem Keller fand und schüttete diesen über ein kleines Loch in einen fußballgroßen, mit lustigen Tierfiguren bedruckten Plastikball für Kinder. Kurti half ihm natürlich dabei. Als der Inhalt trocken war, nahmen sie die inzwischen ca. fünf Kilogramm schwere und harte Kugel, die immer noch aussah wie ein leichter Spielball, und legten ihn auf dem unteren Markt vor dem großen Tor der Marienkapelle ab.

Es war ja zu verführerisch! Mindestens zehn Leute kamen mit Zehenbrüchen, Verstauchungen und anderen Fußverletzungen in’s Krankenhaus, nachdem sie den Ball mit dem Fuß wegschießen wollten.

„Was nehmen die Deppen auch immer gleich so einen langen Anlauf?“

„Ja, das war schon ein Suberspass“, lacht Kurti.

Rudolpho holt nun zur Belustigung sein Megaphon aus dem Rollator und singt zusammen mit Falco und Kurti: „Alles klar, Herr Kommissar?“

Plötzlich hält ein silbernes Fahrzeug mit blauen Streifen neben ihnen an. Blitzschnell versteckt Rudolpho die Flüstertüte.

Zwei Uniformierte steigen aus und mustern die beiden mit ernsten Mienen von oben bis unten.

„Gentlemen, könnten wir bitte einmal Ihre Papiere sehen?“, spricht der größere von den beiden mit einer leichten Spur Sarkasmus in seiner Stimme. Er nimmt an, dass es sich zwei besoffene Landstreicher handelt.

„Scheiße Rudolpho, hast du deinen Ausweis dabei?“, fragt Kurti.

„Nee, aber können Sie mit dem hier was anfangen?“

Rudolpho hat für solche Notfälle immer einen gefälschten Presseausweis in seiner Hosentasche. Er reicht das Kärtchen dem einen Beamten und flüstert ihm halblaut in’s Ohr, sodass es sein Kollege mit bekommt:

„Wir arbeiten gerade Undercover an einer geheimen Reportage, wie Passanten auf zwei Stadtstreicher reagieren. Übrigens, mein Gehilfe neben mir ist kein anderer als Günther Wallraff, den Sie doch sicherlich vom Fernsehen her kennen.“

Die beiden Beamten schauen erst sich und dann Kurti mit großen Augen an. Da Kurti dem Wallraff tatsächlich etwas ähnlich sieht, scheinen sie den beiden zu glauben. Während der eine Beamte Rudolpho sein Papier wieder zurückgibt, sagt er:

„Wir bekamen eine Beschwerde von einer Frau, dass Sie zu laut sind und Leute belästigen.“

„Also Herr Wachtmeister, dazu möchte ich folgendes bemerken: wir haben diese Dame im Sinne der Stadtreinheit verjagt, weil sie hier ihren dämlichen Wischmops an den Brunnen kacken lassen wollte. Wir haben sie nur darauf hingewiesen, dass dies eine Schweinerei gegenüber der Stadtreinigung wäre. Das hat sie scheinbar so aufgeregt, dass sie uns mit ihrem Hackenpisser nun denunzieren möchte“, erklärt Rudolpho.

Die Sonne meint es über Würzburg heute besonders gut und die beiden Beamten quält riesiger Durst. So kommt ihnen der Einsatzbefehl aus dem Funkgerät ihres Streifenwagens sehr gelegen.

„Traube zwölf nullzwo bitte kommen.“

Ein Beamter hechtet in den Wagen zum Funkgerät.

„Hier Traube zwölf nullzwo, was gibt’s?“

„Anzeige wegen Fahrraddiebstahl am Biergarten Zollhaus, Zeuge wartet am Eingang.“

„Verstanden, sind schon unterwegs!“

Bevor er sich ans Steuer seines blaugestreiften Fahrzeuges setzt, sagt er noch zu den beiden vermeintlichen Fernsehstars:

„Also gut, wenn das so ist. Aber machen Sie die Musik bitte etwas leiser! Noch einen schönen Tag die Herren und viel Erfolg mit ihrer Reportage.“

„Auch noch einen wunderschönen Tag, die Herr‘n Streifenhörnchen“, kontert Rudolpho höflich, bevor der Wagen mit quietschenden Reifen losfährt.

„Mann, hab’n die einen Durscht“, bemerkt Kurti.

„Warum heißt denen ihr Funkrufname eigentlich Traube und ned zum Beispiel Pflaume?“

Zehn Sekunden später im Streifenwagen:

„Hast du gesehen, wo die Kameras versteckt waren?“

„Nee, aber du weißt doch, die sind immer hervorragend getarnt. Bin mal gespannt, wann wir uns im Fernsehen sehen. Aber fahr endlich schneller, ich hab’ so ‘ne trockene Zunge.“

Kurti und Rudolpho trinken noch ein paar Fläschchen von dieser bitteren Medizin und beobachten das bunte Treiben auf dem Markt. Eine Fremdenführerin hat sich mit einer Horde amerikanischer Touristen um den Brunnen geschart und versucht verzweifelt zu erklären, warum das steinerne sprudelnde Objekt Vierröhrenbrunnen heißt. Die Amis schauen sie nur ungläubig an, als sie immer wieder in die Menge brüllt:

„Glotzt mich ned so an wie eine Herde Moggeli[15] wenns blitzt. *Four tubes fountain*, verstehts endli, *four tubes fountain. One - two - three - four tubes.* Ich glaub ich werd noch narrisch mit dem Deppenhaufen.”

Noch während sie frustriert weitergeht und die zusammengeputzte Meute ihr schulterzuckend und wie eine müde Schafherde hinterher tappst, murrt sie:

---

[15] Kälber

„Ich seh‘ dunkelschwarz. Wie soll ich den Rindviechern jetzt bloß an der Marienkapelle das Bildnis von der unbefleckten Empfängnis erklären? Ich glaub ich geh‘ mit diesem Deppenhaufen gleich weiter zum Maulaffnbäck!“

Inzwischen droht die Sonne mit ihrem Untergang. Rudolpho und Kurti beschließen, ihre Zelte hier abzubrechen und heim zu gehen.

„Mist, heut’ hab’ ich doch glatt das Walken versäumt, da wird mich des Margidle wieder aufzieh‘n. Naja, die is‘ sowieso schon wieder sauer auf mich“, bemerkt Rudolpho.

„Margid is‘ sauer auf dich?“

„Dumm gelauf’n. Gestern hab’ ich der auf die Schnelle ein Geschenkle mitbringen woll’n, weil sie doch immer daheim so fleißig ist und ihrem Chaoten immer so doll den Haushalt macht.“

„Hä hä hä, was hast du denn besorgt?“

„Da war da so ein Sonderangebot für einen Euro fünfundsechzich.“

„Hast etwa das Preisbabberle ned wechgemacht?“

„Nee, ich hab’ im Kaufhof ned aufgebasst. Dabei hab’ ich’s doch so gut gemeint. Auf der Paggung stand *Belohnungskekse* drauf.“

„Und warum war sie sauer, seit wann mag Margid nix Süßes mehr?“

„Ich hab’ doch ned gewusst, dass des Leckerle für solche Dreggsköder sind.“

„Hä hä hä, die ham ihr wohl ned g’schmeggd? Aber jetzt was anderes, was zeigt grad dein Schätzeisen?“

Rudolpho hält ihm seine Armbanduhr vor die Nase.

Kurti krächzt nervös:

„Mist, da fällt mir g'rad ein, ich muss schnell heim, ich glaub ich hab' das Bücheleisen eing'schalted auf meinem neuen Hemd liegen lass'n."

Die Eagles schrammen recht lautstark ihren Hit *Hotel California* über die überdimensionierten Boxen am Erlebnisrollator, als die beiden zusammen am Mainkai entlang heimwärts rollen. The Who dröhnen gerade ihren *Happy Jack*, während sich die beiden auf dem Nachhauseweg die Zeit mit albernen Witzchen vertreiben.

„Rudolpho, weißt du, ob's am Main Pinguine gibt?"

„Am Mee, so a Schmarr'n, die gibd's doch nur im Zoo!"

„Dann sind das da vorn höchstwahrscheinlich zwei Nönnli[16]."

Damit sie freie Bahn haben, schaltet Rudolpho das auf der Vorderseite seines Erlebnisrollators aufgesteckte Blaulicht und die Sirene an. Die beiden Ordensschwestern hüpfen leichenblass auf die Seite, fassen sich an ihr Herz, bekreuzigen sich und schauen die beiden Irren mit aufgerissenen Mündern an.

Nach kurzer Zeit fällt Rudolpho auf, dass sich sein Kurti auf dem weiteren Heimweg ungewöhnlich ruhig verhält. Das ist ungewöhnlich.

„Hast du was?", fragt er ihn besorgt.

Woraufhin Kurti seine Stirn in Falten legt und bemerkt:

„Hör bloß auf."

„Nun sag schon."

„Morgen früh muss ich zum Zahnarzd."

[16] Nönnli ist die fränkische Mehrzahl von Nonne, also Nonnen.

Der Zahnarztbesuch

Kurti umklammert ängstlich mit beiden Händen den Zahnarztstuhl und fragt den älteren Zahnklempner, der gerade mit einem Zahnspiegel in der linken und einem hakenförmigen Folterinstrument in der rechten Hand in Kurtis Steinbruch herumwerkelt.

„H…cherrr Dokchorr, wie isch es, können Se a sch…erzfrei ziehn?"

Der Zahnarzt erwidert verwundert:

„Warum sprechen Sie so undeutlich? Sie meinen sicherlich schmerzfrei ziehen!"

Kurti nickt.

„Äähhäääá…"

„Das Ziehen tut bei mir in der Regel überhaupt nicht weh!"

„Un wann ham Sie die Rech'l?"

Es knirscht unangenehm, als er mit einem Minibrecheisen in Kurtis Mundhöhle spazieren geht. Plötzlich stockt der Folterknecht und schaut gedankenversunken an die Decke.

„Wenn ich genau überlege, doch, vor etwa zwei Jahren, da tat es mal saumäßig weh."

Kurti versucht zu schlucken.

„Un waium?

„Da bin ich während des Zahnziehens mit der Zange ausgerutscht und schlug dabei mit der Hand auf meine OP-Leuchte. Als ich mich am Behandlungsstuhl abstützen wollte, fiel ich mit dem Gesicht in's Speibecken. Mit dem Ergebnis Hand verstaucht und Nasenbein gebrochen. Das tat furchtbar weh. Aber keine Panik, sowas kommt äußerst selten vor."

Kurti weiß momentan nicht, ob er lachen oder heulen soll.

Der Doc beruhigt:

„Herr Wessel, haben Sie also keine Angst, entspannen Sie sich und denken Sie an was Schönes, während ich Ihnen ein Spritzchen gebe."

Aber so sehr Kurti versucht, an etwas Schönes zu denken, fallen ihm nur unschöne Episoden aus seinem verkorksten Leben und seine beruflichen Fehlstarts ein. Er erinnert sich, wie er sich als Kinder-Animator in Heidingsfeld bewarb. Beim Möbel Neubert konnte man in einem großen Spielraum seine Kinder abgeben, während die Eltern im ersten Stock die neue Wohnzimmergarnitur aussuchten. Dummerweise hat er den Job tatsächlich wegen mangelnder Bewerberzahl bekommen. In dem großen Spielraum gab es ein sogenanntes Bällebad. Kinder konnten sich über eine Rutsche in ein mit bunten Plastikbällen gefülltes Becken fallen lassen. Da in der Ecke des Raumes noch 20 Säcke vollgefüllt mit Reservebällen herumstanden, kam Kurti auf die glorreiche Idee, alle in das Becken zu füllen. Ihm wurde daraufhin sofort gekündigt. Mütter suchten noch wochenlang verzweifelt ihre Kinder in diesem Bällebad.

Ungern erinnert er sich auch an das Casting als Pornodarsteller, wo er wegen zweier Todesfälle gnadenlos scheiterte. Die Darstellerin hatte sich über sein scheinbar abgestorbenes Teil totgelacht.

„Und jetzt die Zähne zusammenbeißen und den Mund weeeeiiiiiit öffnen“, flötet der Zahnklempner, „wir wollen doch nicht, dass ich Sie mit dem Bohrerchen verletze und wir beide blutüberströmt ohnmächtig werden. Ich kann nämlich kein Blut sehen.“

Ach ja, Blut. Da war da noch seine kurze, selbständige Tätigkeit als Bio-Kammerjäger. Da Kurti keine Chemie gegen die lästigen Tierchen einsetzen wollte, benutzte er nur biologisch abbaubare Mittel. Also einen Gummihammer aus Naturkautschuk, mit dem er in einem Wohnzimmer einer schwerreichen Kundin einer

Maus nachjagte. Aus Versehen zertrümmerte er dabei das Glas der Biedermeiervitrine samt goldumrandeter Meißner-Porzellan-Sammeltassen. Aber die Häuser auf dem originalen Hundertwasser-Gemälde waren nach dem Schlag darauf wenigstens wieder gerade. Obwohl die Leinwand ein wenig aufgerissen war.

Um diese alte chinesische Vase war es bestimmt auch nicht schade. Sicherlich so ein ungeliebtes, billiges Weihnachtsgeschenk vom Tedi-Markt, tröstete er sich, als er diese im Eifer des Gefechtes umrannte. Scheppernd zerfiel sie in tausende Stücke. Wie stolz war er, als er dieses ekelhafte Viech endlich mit einem Schlag auf dem Perserteppich erledigte. Die Farbe des Mäuseblutes hatte dabei so schön zu dem Rot des Teppichs gepasst.

Das sah die Besitzerin damals leider anders. Wie hat sich diese alte Dampfnudel aufgeführt wegen dem bisschen Mäuseblut und dem alten Geraffel. Sie hat ihre scharfen Krallen ausgefahren und wollte ihm damit sein Gesicht zerkratzen. Gerade noch rechtzeitig hat er sich mit einem Sprung zur Haustüre gerettet. Er rannte aus dem Haus und hörte noch ein Scheppern, als sie bei dem Versuch, ihr Gebiss nach ihm zu werfen, an ihrer zweiten chinesischen Vase hängen blieb.

Plötzlich reißt ihn der Zahnklempner wieder aus seinem Horrortraum.

„Jetzt könnte es etwas wehtun, denken Sie ganz intensiv an etwas Schönes.“

So sehr sich Kurti anstrengt, ihm fallen nur Streiche mit seinem Freund Rudolpho ein.

Ja ja, Rudolpho und er! Sie gingen sechs Jahre lang in dieselbe Klasse und saßen dort sogar einmal nebeneinander. Busenfreunde waren sie damals noch nicht. Dann wechselte Rudolpho in die vierjährige Mittelschule. Kurti blieb in der Grundschule und machte den Hauptschulabschluss. Erst ein paar Jahre nach der Bundeswehrzeit trafen sie sich wieder.

Kurti war auf Elektromontage immer unterwegs und verdiente einigermaßen gut, sodass er sich seinen Traum, eine Harley Davidson, erfüllen konnte. Rudolpho war in einem Maschinenbauunternehmen als Angestellter für die Arbeitsvorbereitung zuständig. Sein ganzer Stolz war sein dreisitziger Sportwagen. Ein gelber Simca Matra Bagheera mit Kunststoffkarosserie, Mittelmotor und Klappscheinwerfern. Mit diesem Geschoss wollte er auf der A3 kurz vor der Ausfahrt Heidingsfeld unbedingt unter einem LKW durchfahren. Hat es aber nicht geschafft. Dabei hatte er ein Riesenglück und wurde mit nur einer mittelschweren Kopfverletzung und einem gebrochenen Haxen in's Würzburger Juliusspital gebracht.

Zwei Tage später ereignete sich ein anderer mittelschwerer Unfall mit einem schweren Motorrad, dessen Fahrer die langgezogene Kurve auf der Giebelstädter Steige Richtung Heidingsfeld nicht mehr exakt erwischte und der Brückenpfeiler der Autobahnbrücke den Raser zum Anhalten zwang. Der Motorradfahrer kam ebenfalls mit einem Beinbruch und einer mittelschweren Kopfverletzung in die Klinik.

Wie es der Zufall wollte, lagen beide Verkehrsopfer in der selben Etage des ehrwürdigen Juliusspitals.

„Hä hä hä“, tönte es unter dem Kopfverband, als ihn der Zivi im Flur an dem anderen Vermummten, ebenfalls im Rollstuhl, vorbeikutschierte.

„Heiliche Scheiße, Kurti bist du das?“

„Hä hä hä, na klar, Scheich Rudolpho, und wie beschissen siehst du denn heud aus? Hä hä hä, und was machst‘ denn hier?“ Rudolpho flachste:

„Naja, weißt du, das Wedder ist allerweil so schlecht und mir war's daheim zu langweilig. Da bin ich einfach in die Klinik um mich ein wenig rumschieben zu lassen."

Kurti entfuhr erneut sein krächzendes „Hä hä hä".

Sie ließen sich in die Kantine rollen und sprachen von alten Zeiten und den alten Zicken, die sie damals gemeinsam aufgerissen hatten. Schon nach dem dritten Tag ihres unverhofften Wiedersehens schmiedeten sie dann gemeinsame Berufspläne. Sie hatten noch keine detaillierten Ideen, was sie unternehmen wollten - genauer gesagt, hatten sie überhaupt noch keinen Plan. Das Einzige, was sie wussten war, dass sie zusammen selbständige Unternehmer werden wollten. Dabei überlegten sie alle für sie in Frage kommenden Geschäftsideen.

Kurti meinte, sie könnten doch billige Studenten anstellen, die sich mit heruntergekommener Kleidung und einem Hut an die Autobahnauffahrten setzten und ein Schild hochhielten mit der Aufschrift:

„Letzter Bettler vor der Autobahn!"

Sie verwarfen diese Idee allerdings wieder, nachdem sie dies selbst nach ihrer Entlassung aus dem Krankenhaus testeten und dabei feststellten, dass hierbei keine Sau anhielt, geschweige denn ihnen ein Geldstück zuwarf.

„Und wie wär's, wenn wir eine Heilbragdiker-Braxis aufmach'n?"

„Aber Kurdi, die gibt's doch auch scho' wie Sand am Meer."

„Naja, ich hab' da an so eine Spezialisierung 'dachd."

„An was für eine Schbezialisierung?"

„Na, wie wär's denn zum Beischbiel mid *Brustvergrößerung durch Handauflegen*?"

Rudolpho musste laut lachen.

„Du schon wieder, typisch Kurti, nur Pornos im Kopf."

„Hä hä hä."

Damit war auch diese Idee abgeschmettert.

„Da fällt mir jetzt noch was ein. Nach einem One Night Stand verschwindet doch oft der Partner, ohne seinen Namen bei dem Beischlafpartner zu hinderlassen, was äußerst ärgerlich sein kann.“

„Naja und an was hast du da gedacht?“

„Na, es wär doch hilfreich, das Kondom mid seinem Namen bedrucken zu lassen, dann braucht der weibliche Teil wenigsdens ned den Namen zu hinterfragen. Sie braucht doch nur danach auf‘n Gummi…“

„Igidd, so a Sauerei. Außerdem geht des ja gar ned, wie willst denn du das Teil in den Tintenstrahldrucker einspannen?“

„Okay, ich geb zu, die Idee war doof, aber hast du vielleicht eine bessere?“

Plötzlich glänzten Rudolphos Augen und er starrte mit glänzenden Augen auf den Aufdruck WO ICH BIN IST CHAOS - ABER ICH KANN NICHT ÜBERALL SEIN auf Kurtis rotem T-Shirt.

„Kurti, ich hab’s! Du kennsd doch die Schilder an der Straße BLUMEN SELBER SCHNEIDEN!“

„Aber Rudolpho, das ist doch schon so ald und abgelutscht wie ein Vereinszahnstocher an einem schottischen Stammtisch.“

„Nadürlich ned mit Blümli, ich hab’ dazu einen ander‘n Einfall.“

Nachdem Rudolpho dem Kurti seine Idee schmackhaft machen konnte, gründeten sie sofort ein Kleinunternehmen und kauften sich von einem Bauern ein 10m² großes Acker-Grundstücks-Teil vor Randersacker an der B13. Darauf stellten sie einen schweren Metalltisch, befestigten dort einen Spiegel und an Stahlseilen einen Kamm, eine Schere und eine Bürste und eine Kasse mit Münzeinwurf. Dann rammten sie noch ein riesengroßes weißes Plakat daneben in den Ackerboden, auf dem mit großen schwarzen Buchstaben stand:

NEU: HAARE SELBER SCHNEIDEN!
Kurzhaarschnitt 1,- DM
Langhaarschnitt 1,50 DM
ACHTUNG: Letzte Möglichkeit vor der Autobahn!

Einen Monat später gaben sie ihr Unternehmen wieder auf. Irgendein Witzbold hatte ihnen ein Zehn-Pfennigstück in die Kasse geworfen. Sie teilten das Geld brüderlich und setzten eine Anzeige in die örtliche Zeitung: *Super-Geschäftsidee mit kompletter Ausstattung aus Altersgründen zu verkaufen.*

Nachdem sie diese Anzeige zum fünften Mal innerhalb von zehn Wochen inseriert hatten, meldete sich tatsächlich so ein spinnender Ami-Millionär, der diese Idee irre lustig fand. Er war Verleger, der immer nach verrückten Geschichten suchte, deshalb bot er ihnen alleine für die Story, die er in seinem US-Magazin *Crazy Living* verbraten wollte, zehntausend Dollar. Mit diesem Geld konnten sie ihre Schulden und Unkosten begleichen. Es blieben sogar noch fünfhundertsieben Mark und dreiundzwanzig Pfennige übrig. Jedoch begann für Rudolpho und Kurti hier schon das nächste Problem.

„Na, was machen wir jetzt mit der resdlichen Kohle?“

Schulden hatten sie keine mehr und ihre Arbeitsstellen hatten sie zum Glück vorsichtshalber nicht gekündigt.

„Rudolpho, Rudolpho, was machen wir nur mit dem Geld?“

Rudolpho bekam glänzende Augen und hatte wieder eine Superidee:

„Kurdi, ich hab‘s, warum tun wir ned damit ein gutes Werk?“
Kurti schaute Rudolpho zuerst ungläubig an, war aber sofort beruhigt, als Rudolpho erklärte:

„Ich meine, wir schmeißen eine Pardy und laden dabei ein paar scharfe Weiber ein.“

Es wurde wieder eine dieser berüchtigten *Kurtipartys* mit vielen Bierchen, Apfelkörnchen und anderen Dosenöffnern, wie Beerenweine und andere Gifte. Kurti legte dazu seine Lieblingsplatten von den Rolling Stones, den Kinks, Hendrix, Cream und The Who auf. Zu späterer Stunde, als ein paar qualmende Tütchen herumgereicht wurden, kamen dann so Stücke wie *Je Taime* oder *Samba pa Ti* auf den Plattenteller. Zu ganz später Stunde präsentierte Kurti gerne seinen neuen Videorecorder und seine heißesten Streifen. Dann ging es regelmäßig rund. Damals dachte keiner der Teilnehmer dieser Orgien an irgendwelche Konsequenzen.

Kurti hätte jetzt gerne noch weiter geträumt, doch der Zahnklempner weckt ihn mit rauer Stimme.

„So, Herr Wessel, jetzt haben wir Ihren Steinbruch einigermaßen restauriert. Bis zum nächsten Mal.“

Benommen steigt Kurti aus dem Stuhl. Seine Backe ist noch betäubt. Sein Gesicht fühlt sich an wie nach einem Schlaganfall. Die Schmerzen kommen erst viel später, als er sich daheim auf seiner Couch vor‘m Fernseher mit ein paar alten Porno-Videos tröstet.

Der Fall

Es stinkt ihr gewaltig, dass sie in seiner Müllhalde im Keller, die er liebevoll seinen *Kreativraum* nennt, über diesen hässlichen dunkelbraunen Plastikkoffer steigen muss. Mitten im Laufweg gammelt er dort vor sich hin. Jedesmal, wenn Margit hier etwas holen will, muss sie wie ein Känguru darüber hopsen.

Weil sie sich heute in den Kopf gesetzt hat, ihre zwei herrlichen hellrot blühenden Rosen umzutopfen, sucht sie in diesem von ihrem irren Göttergatten zum Minischrottplatz umfunktionierten Kellerraum die passenden Tontöpfe dazu. Es riecht etwas streng, wahrscheinlich wegen der nicht geleerten Mäusefallen. Just in dem Moment, als sie mit zwei Töpfen in den Händen den Kellerraum wieder verlassen will, sieht sie die Mausfallen, vergisst vor Schreck zu hopsen und stolpert über den verhassten Koffer. Dabei lässt sie die Töpfe fallen und stürzt mit einem schrillen Aufschrei vornüber auf den harten Kellerboden.

„Verdammte Scheiße, jetzt kann dieser elendige Lumpensammler aber etwas erleben!“, flucht sie laut, während sie sich mühsam aufrichtet, um ihre Knochen neu zu sortieren. Dabei hat sie doch großes Glück, dass ihr bei dem Sturz nichts passiert ist - naja, fast nichts passiert ist!

Nur eine schmerzhafte Verstauchung des linken Handgelenkes, *nur* ein großer blauer Fleck an der Stelle, wo ihr Knie auf den Koffer trifft und *nur* eine zehn Zentimeter lange Schnittwunde am rechten Unterarm. Ach ja, und *nur* eine kleine Beule oberhalb der linken Augenbraue, als ihr Kopf mit dem Kellerregal kollidiert, bevor sie mit dem Kinn unsanft auf dem Kellerboden aufschlägt. Also, dem Himmel sei Dank, nichts Schlimmes. Trotzdem ist es nicht verwunderlich, dass sie nun eine Stinkwut auf ihren Gatten hat und ihm wegen dieser Schweinerei in seinem Kellerraum ein allerletztes Ultimatum stellen möchte.

Nachdem Rudolpho das Gescheppere im Keller hört und Margit lautstark fluchend die Kellertreppe hinauf humpelt, steht er schon an der offenen Kellertüre und schreit scheinheilig zu ihr hinunter:

„Haste was kaputtgemacht?"

Dabei versucht er einen möglichst unschuldigen Hundeblick aufzusetzen. Mit diesem Gesichtsausdruck verharrt er genau drei Sekunden lang, dann schaut er sie an und prustet los:

„Was… hihi… was… hahaha…was ha... hast denn du für ein komisches… hihihi… rotes Faschingshütle auf?"

Er zeigt dabei mit dem Zeigefinger seiner linken Hand auf ihren Kopf. Ihre Mimik verrät, dass sie dies überhaupt nicht lustig findet. Im Gegenteil, seine saudumme Bemerkung macht sie noch wütender. Erschrocken tritt er einen Schritt zurück als sie die Kellertüre mit einer solchen Wucht zuschlägt, dass die Wände wackeln und die Leute, die gerade vor dem Haus vorbeilaufen, in den Himmel schauen, aber um's Verrecken kein Flugzeug orten können, das einen solchen Überschallknall hätte produzieren können.

Margit streift mit der rechten Hand die Tonscherbe vom Kopf und wirft sie ihm vor seine Füße. Es klirrt laut und das Teil zerspringt in unzählige kleine terrakottafarbene Splitter. Etwas betrübt blickt er auf die Kratzer, den diese Stücke auf seinem schönen hellbraunen Parkettboden hinterlassen. Sie sieht ihn bitterböse an, bevor sie loswettert:

„Jetzt reicht es mir aber endgültig. Wie oft soll ich den Gnädigsten denn noch anbetteln, diesen scheiß Koffer mitsamt dem anderen Schrott endlich zum Wertstoffhof zu fahren?"

Und mit der Lautstärke des nicht gesichteten Überschallflugzeuges brüllt sie:

„Ich hätte eben richtig tot sein können!"

So sauer hat er sie schon lange nicht mehr erlebt.

„Wenn du dieses Teufelsding und den anderen Mist dort unten nicht soooofort entsorgst, lasse ich mich scheiden!“

In ihren Augen ist ihr Gatte ein Super-Messie und ein Mega-Chaot. Während sie vor sich hin mault, holt sie Schaufel und Besen aus dem Schrank und kehrt die Splitter vom Boden auf.

Er schaut ihr dabei zu, wie sie den Inhalt der Kehrschaufel in den Abfallbehälter schüttet.

„Irch’ndwann kann man doch alles wieder mal brauch‘n, dann isses wech und ich muss es wieder neu kauf’n. Nee nee, es bleibd alles wo es ist! Basda!“

„Das kommt doch höchstens alle zwanzig Jahre einmal vor“, kontert sie.

Diese Art Auseinandersetzung führen sie schon, seitdem sie sich vor fünfunddreißig Jahren gegenseitig goldene Ringe auf dem Standesamt angesteckt haben. Wenn er damals nicht so charmant, witzig und immer voller innovativer Ideen gewesen wäre, hätte sie sich wahrscheinlich gar nicht auf ihn eingelassen. Außerdem liebt sie seine leuchtend blauen Augen. Es gibt sogar Tage, da möchte sie am liebsten so stark draufschlagen, damit sie noch blauer leuchten. Auch jetzt noch, als sogenannter älterer Herr, wirkt er relativ jugendlich. Mit seinen grauen, aber immer noch vollen und gepflegten Haaren sieht er noch nicht aus wie Fünfundsechzig.

„Ja, man könnte dich glatt auf sechs Jahre schätzen, so kindisch wie du immer bist“, veräppelt sie ihn des Öfteren. Dabei hat er alle Verhaltensauffälligkeiten, die so ein Psycho nur haben kann, der er halt mal ist. Doch sie liebt ihn trotz allem, auch wenn sie ihn gelegentlich wegen seiner verrückten Ideen und Erfindungen kräftig aufzieht oder an die Wand klatschen könnte.

Wie eine Wildkatze, der man auf den Schwanz tritt, mit ausgefahrenen Krallen zum Sprung bereit, baut sie sich vor ihm auf und schaut ihn mit zusammengekniffenen Augen an.

„Denk daran, was du mir vor dem Mittagessen versprochen hast. Was ist denn nun mit dem stinkenden Mistkoffer?“

„Des kommt bestimmt von der Bohnensubb‘n“, entkommt es ihm schelmisch. Er weiß genau, dass sie nicht den gasförmigen meint, sondern den, der so nutzlos im Keller liegt und unnötig Platz beansprucht.

Wütend geifert sie ihn an, während sie mit der Hand Richtung Kellertüre zeigt:

„Und vergiss nicht, den kompletten anderen Krempel im Keller gleich zum Wertstoffhof mitzunehmen!“

Sie dreht sich um, läuft Richtung Küche und grummelt:

„Nicht zu glauben - aber irgendwann... irgendwann bring ich ihn um!“

Zunächst stellt sich Rudolpho taub, als hätte er alles überhört. Bis seine Augen plötzlich größer werden und seltsam zu glänzen anfangen. Dabei denkt er an seine Autorenlaufbahn und murmelt leise:

„Das müsste ich mal ausbrobier‘n, das könnte eine Story werd’n!“

Margit ruft er in überfreundlichem Ton zu:

„Aber freilich mein Täubchen, wenn du das möchtest, mach‘ ich’s sofort!“

TNT von AC/DC trällernd läuft er die Kellertreppe hinunter. Etwas verwirrt schaut sie ihm von der Küche aus nach und befürchtet, dass er sich eine schlimme Krankheit eingefangen haben könnte, weil er ihr plötzlich so kompromisslos zustimmt.

Ein paar Minuten später steht er im Keller, begutachtet jedes einzelne Teil sehr lange und überlegt. Die Entscheidung fällt ihm zwar nicht leicht, doch da er einen Plan hat, befördert er schwersten Herzens Stück für Stück in diesen alten braunen Hartplastikkoffer, den man nur noch mittels zweier verstaubter schwarzer Koffergurte schließen kann. Er findet am Boden noch ein paar zerbrochene Terrakotta-Teile, die er ohne zu überlegen dazu wirft.

Am meisten zu schaffen macht ihm der Trennungsschmerz von seinem geliebten alten Reisewecker, den man noch von Hand aufziehen muss. Ein altes Lieblingsstück von ihm, den er in den Sechziger-Jahren an einer Losbude des Roten Kreuzes gewann. Sein größter Gewinn, den er je in einer Lotterie gemacht hatte. *Augsburg*, ein kleiner Hauptgewinn, worauf er immer noch stolz ist und den er vor ein paar Jahren immer liebevoll aufzog und neben sich ans Bett stellte, bevor er einschlief. Drei Nachttischgenerationen hat dieses Schätzchen schon überlebt. Leider hat seine Frau dieses Teil aus dem Schlafzimmer verbannt, weil er angeblich nachts immer so laut tickte. Margit meinte:

„Schmeiß das Scheißding doch endlich weg. Nachts macht dieser Wecker einen Lärm wie zehn Preßlufthämmer und ist sogar noch schlimmer wie dein Geschnarche. Dagegen klingen ja die Güterzüge, die nachts alle zwanzig Minuten am Haus vorbeidonnern, wie der Flügelschlag eines Zitronenfalters."

Seufzend und mit reichlich Wasser in den Augen zieht er ihn ein allerletztes Mal in seinem Leben auf, seufzt dabei drei Mal tief und wirft das geliebte Teil zaghaft mit den Worten „Nun leb' wohl, mein alder Freund" zum anderen Sperrmüll in den Koffer. Für ihn fühlt es sich an, als hätte er sich soeben selbst sein Herz amputiert. Den laut tickenden Wecker braucht er leider für seinen Plan. Nur mit Mühe und Not und unter Tränen kann er den braunen Behälter mit den beiden dreckigen schwarzen Bändeln zubinden, indem er mit beiden Füßen darauf herum hopst.

Mit „Ich bring mal schnell den Koffer weg“ verabschiedet er sich schnaubend von seiner immer noch wütend dreinschauenden Frau.

„Sei aber pünktlich zum Abendessen wieder da!“

„Es ist doch erst drei!“

„Ja, aber ich kenn dich doch, du bleibst immer ewig lange fort. Du hast doch nicht etwa eine Geliebte?“, fügt sie noch halb im Scherz hinzu, obwohl sie sich denkt:

„Mit diesen alten Krauterer gibt sich doch sowieso keine halbwegs vernünftige Frau ab.“

Wobei sie vermutlich Recht hat. Laut stöhnend hievt er das schwere Teil in den Kofferraum seines Kombis. Dann knallt er den Deckel zu, klatscht freudig in seine Hände und fährt in die Stadt.

In die Stadt? Wieso fährt er in die Stadt? Wieso lenkt er seine hundertfünf Pferde nicht in Richtung Heuchelhofer Wertstoffhof, wie seine geliebte Gattin annimmt, sondern in Richtung Bahnhof direkt in’s Parkhaus der Deutschen Bahn?

Der Knalleffekt

Endlich findet er ein freies Plätzchen in dem Parkhaus, stellt den Motor ab, setzt seine große schwarze Sonnenbrille und seinen verdellten schwarzen Filzhut auf. Der Schweiß rinnt ihm in kleinen Sturzbächen über seine Stirn, als er den Koffer in die hohe Bahnhofshalle schleppt. Seine Rotzfahne, mit der er seine Stirn alle zehn Meter abwischt, kann er schon auswringen. Momentan herrscht wegen der Ferienzeit reger Reiseverkehr und so fällt ein alter, kofferschleppender Verrückter in dem großen Bahngebäude niemandem auf.

Er schaut sich ganz vorsichtig um, ob ihn jemand beobachtet und stellt das schwere Teil mitten in der Halle ab, an einer Stelle, wo er keine Kameraüberwachung vermutet. Zufrieden bemerkt er nur die große Anzeigetafel und eine Menge Werbeplakate. Ein Wegweiser zum WC ist im Würzburger Bahnhofsgebäude nicht notwendig. Bei einem dringenden Bedürfnis braucht man nur dem Geruch nachzugehen. Rudolpho schlendert lässig an den Zeitungskiosk, kauft noch eine Zeitung mit sehr fetten Buchstaben und läuft damit sehr flott in Richtung Bahnhofs-Ausgang. Gerade will er sich noch einmal zum Koffer umdrehen, als er mit einem uniformierten Polizisten zusammenrumpelt, der, so wie es den Anschein hat, mit seiner Kollegin flirtend am Bahnhof Streife läuft.

„Na na na, etwas langsamer, junger Mann“, sagt der grinsend. Rudolpho bleibt drei Sekunden lang das Herz stehen.

„Ein sch…schönen Tag die Herr‘n… äh Damen… ähhh ich meine Dame und Herr“, stammelt er vor Schreck.

„Mist, jetzt ham die mich schon erwischt, bevor die Gaudi losgeht“, denkt er, während sein Herz vor Aufregung rattert wie ein Presslufthammer. Aber die beiden Beamten trotten nur grinsend weiter in Richtung Imbissstand.

Noch ein kurzer Blick, dann läuft Rudolpho eiligst aus dem Gebäude und setzt sich fünfzig Meter vom Bahnhof entfernt auf eine Bank. Ganz langsam faltet er seine Zeitung auseinander. Wie er es einmal in einem schlechten Fünfziger-Jahre-Krimi gesehen hat, reißt er ein kleines Loch in die Mitte seines Druckwerkes, um den Bahnhofsbereich ungestört beobachten zu können. Dabei murmelt er schelmisch, wie er es von Roger Moore gelernt hat:

„Mein Name ist Schmitt - Rudolpho Schmitt."

Damit er die Bank für sich alleine hat, zieht er aus seiner Jackentasche ein Becherchen mit Fleischsalat und dekoriert damit den Rest der Sitzfläche. Rudolpho murmelt leise vor sich hin:

„Hoffentlich vermisst mein Margidle heut' beim Abendessen ned das Becherle Fleischsalat."

Nach ein paar Minuten kommt eine alte Frau in gebückter Gehhaltung und mit einem Stock in der Hand auf die Bank zugehumpelt. Rudolph bemerkt gerade noch rechtzeitig, dass sie trotz ihrer starken Sehhilfe übersieht, was er auf der Bank ausgelegt hat. Als sie sich auf die Sauerei niederlassen möchte, kreischt er laut:

„Bass doch auf du alde Schleiereul'n!" und zeigt mit dem Finger in Richtung der schmierigen Brühe. Besorgt beobachtet er, wie sie stark zusammenzuckt und ihr Gesicht die cremeweiße Farbe der ekelerregend aussehenden Soße annimmt. Dabei ist er heilfroh, dass Oma nicht an Ort und Stelle verstirbt. Sie rückt ihre Brille mit den dicken Mikroskopgläsern zurecht und sieht nun die Sauerei. Ihr entfährt ein schrilles:

„Igittigitt … ogottogott!"

Als wäre ihr Rheuma wie durch eine Wunderheilung verschwunden, rumpelt sie hoch und läuft zügig davon.

Es dauert nicht lange, zieht eine Mutter ein Kleinkind vorbei. Rudolpho kombiniert, dass das Kind ein Mädchen ist. Wäre ja auch irgendwie blöd, einem Jungen ein rosa Dirndl anzuziehen, denkt er. Das Kind zeigt mit der rechten Hand zur Bank und ruft laut:

„Katzekotze, Katzekotze!"

Rudolpho lacht das Mädchen kurz an, worauf sie ihm die Zunge herausstreckt. Rudolpho streckt ihr ebenfalls die Zunge heraus und macht „Blllllllllllllllllllllllh…!"

Die Mutter packt ihre Kleine am Arm und zieht sie hastig und wortlos weiter. Hauptsache, weg von dem Verrückten. Zehn Minuten später klackert ein Junge mit einer weißen Schildkappe auf einem Skateboard an ihm vorbei. Seine verfleckte beige Hose flattert im Fahrtwind und Rudolpho kann es nicht lassen ihm zuzurufen:

„Na Kleiner, hasde etwa in deine Schlabberhose g'schissen?"

Der Angesprochene bremst sein Gefährt kurz ab und kann es seinerseits nicht lassen, dem Opa zuzurufen:

„Na du mumifizierter Analrutscher, wohl zu lange im Bitchburner gelegen. Liest du deswegen deine Rentner-Bravo revers[17]?"

Er zeigt noch seinen Stinkefinger, rollt auf seinem Brett weiter über den Bahnhofsvorplatz und mit wehender Hose weiter Richtung Röntgenring.

Rudolpho versteht jedenfalls kein Wort und schüttelt nur mit dem Kopf.

Die nächste Viertelstunde lang tut sich nichts Auffälliges, doch dann fährt ein Streifenwagen mit Blaulicht auf den Bahnhofsvorplatz, gefolgt von einem großen olivgrünen Transporter.

---

[17] Für diejenigen, die wie Rudolpho auch nicht wissen, was der junge Mann gesagt hat, hier die Übersetzung: Der Junge zeigt seinen Unmut über die abfälligen Worte des alten Sackes und meint, ob der Greis schwul sei, weil er ihn so dumm von der Seite anspricht. Außerdem ist er der Meinung, dass Rudolpho zu lange unter dem Solarium gelegen haben muss, weil er seine Zeitung falsch herum hält!

„Na endlich geht's los!", freut er sich und blickt erwartungsvoll durch das Loch seiner Zeitung. Es folgen zwei weitere Streifenwagen und ein Zivilfahrzeug, ebenfalls mit Blaulicht.

Nach einer Weile gehen alle Bahnhofstüren auf und uniformierte Polizisten treiben die Leute wie beim Almabtrieb aus der Halle vom Bahnhof weg. Sie sperren den Bahnhofsvorplatz mit einem rot-weiß gestreiften Trassenband ab, hinter dem sich sieben Polizisten aufstellen und die neugierigen Gaffer zurückhalten.

„Is' doch viel besser wie in der Glodze", denkt Rudolpho und lacht verschmitzt. Aus dem Transporter steigen nun drei Männer aus mit dicken olivfarbenen Klamotten, Schutzhelmen mit Visier und dicken Handschuhen und schieben einen großen metallischen Behälter auf Rollen in die Bahnhofshalle.

Zehn Minuten später hört man aus der Bahnhofshalle einen lauten Knall.

Verzückt ruft Rudolpho „Doll", und singt leise „Schmouk on se woooder - feier in se skei[18]"

Nun läuft die ganze Szenerie der letzten halben Stunde rückwärts ab, bis nach kurzer Zeit die letzten Gaffer verschwunden sind.

Mit zufriedenem Gesichtsausdruck steckt Rudolpho die Zeitung in den Mülleimer neben der Bank und geht in Richtung Parkhaus, wobei er grinsend bemerkt:

„Wer heutzudag seinen Müll normal endsorcht, muss einen Dachschaden hab'n - so isses wenigstens eine Gaudi!"

Außerdem hat er wieder etwas Stoff gesammelt für seinen Roman, an dem er ja schon seit einer Ewigkeit herum bastelt.

Gut gelaunt startet er den Motor und legt den Rückwärtsgang ein. Dabei achtet er zu sehr auf den grauen Betonpfeiler, den irgendein Idiot vom Würzburger Bauamt hingestellt haben muss,

---

[18] Im Original gesungen von der Gruppe Deep Purple

damit er die Autofahrer beim Ein- und Ausparken ärgern kann. Rudolpho schlägt sein Lenkrad nach rechts ein, beobachtet weiter sorgenvoll den blöden Pfeiler und lässt die Kupplung leicht schleifen.

Offenbar hat er etwas zu weit nach rechts eingeschlagen.

„So'n Mist!“

Normalerweise kennt er keine Verkehrsprobleme, weder im Auto noch im Bett, aber dieses unangenehme Kratzen hat er schon einig Male in seinem langen Autofahrer-Leben gehört. Tja Rudolpho, da ist es wieder einmal.

Wie oft hat er schon solche oder ähnliche Missgeschicke mit den Firmenwägen mitgemacht, als er noch jährlich über 50.000 Kilometer als Außendienstler fuhr.

Nun hat er mit seinem alten schwarzen Volkswagen so einen silbergrauen Audi A6 erwischt. Vor seinem geistigen Auge läuft schon wieder die üblich Prozedur ab: ewiges Warten auf das dumme Gesicht des Besitzers des angefahrenen Kübels - Warten auf eine eventuelle polizeiliche Aufnahme - Schadensbericht an die Versicherung verfassen - Rückstufung des Schadenfreiheitsrabattes und so weiter, und so weiter…

„Nee, nicht mehr mit dem ald'n Rudolpho!“, sagt er sich, schaut sich nach allen Seiten um und stellt zufrieden fest, dass das Missgeschick außer ihm zum Glück niemand bemerkt hat. In so einer Situation einfach abhauen und einen auf Fahrerflucht machen, will er nicht. Da könnte man doch... Seine Augen fangen an zu glänzen, denn er hat wieder eine von seinen Superideen.

Hastig fährt er weiter aus der engen Parklücke und stellt sein Fahrzeug etwa zwanzig Meter weiter um die Ecke wieder ab. Dann setzt er sein schwarzes Ungetüm von Sonnenbrille auf und wartet. Nach etwa drei Minuten ist endlich ein potentielles Opfer in Sicht. Ein Fahrer in einem dicken, schwarzen Geländewagen macht Anstalten, in diese Parklücke einzufahren. Rudolpho hasst diese *Arschlochaudos*, wie er sie immer nennt. Meistens werden diese Art von Wagen von solchen Ellenbogentypen gefahren, von glatzköpfigen Macho's eben.

„Heute iss'es schick mit so einem SUV zu fohr'n, früher ist man bestraft worden, wenn man mit einem Suff gefahr'n ist“, mault er ständig.

Rechtzeitig hat er sich in Position gestellt, um diesen ahnungslosen Fahrer dieses *Arschlochaudos* mit einem freundlichen Lächeln anzudeuten, dass er ihn einweisen will.

„Prima, schwarz, sogar die Farbe passt“, denkt er.

Der Fahrer des großen Kübels denkt an nichts Böses.

„So ein netter alter Mann, sieh mal an, es gibt doch noch hilfsbereite Gruftis.“

Der nette alte Mann beginnt nun mit ernster Miene und mit fuchtelnden Händen sein durchtriebenes Spiel.

„Noch a bissi, noch a bissi, noch a bissi nach links, noch a bissi nach links, nur zuuuhuuuu“, ruft dieser.

Plötzlich wieder so ein hässliches Kratzgeräusch. Doch diesmal klingt es für Rudolpho wie himmlisches Glockenspiel.

„So ein Zufall, genau an derselben Stelle, die meine Karre geschrammt hat“, denkt er scheinheilig und macht dabei eine möglichst entsetzte Miene. Das Gesicht des Geländewagenfahrers läuft knallrot an. Ehe dieser die Situation so richtig begreift und langsam aus seinem überdimensionierten Kraftfahrzeug steigt, um den Schaden zu begutachten, verschwindet der nette alte Mann um die Ecke.

„Rudolpho, das hast du wieder sauber hinbekommen!“, sagt er zufrieden zu sich selbst, ohne die Spur eines schlechten Gewissens. Er erinnert sich an die vielen Kratzer und Beulen, die man seinen Fahrzeugen schon verpasst hat und dann Fahrerflucht beging. Pfeifend besteigt er seinen alten schwarzen Passat Kombi mit den vielen hässlichen Kratzern und den Beulen an den

Stoßstangen und an den Seiten und fährt heim, wo seine Margit schon ungeduldig mit dem Abendessen auf ihn wartet.

„Wo warst du denn wieder so lange?“

„Ach ich hab’ bloß noch was endsorg’n müssen.“

„War viel Verkehr?“

„Weiß ich ned, ich hab’ keinen g’habt.“

„Ich meinte doch ob du jemanden getroffen hast?“

„Freilich!“

„Und wen?“

„Hab‘ ich doch ned gekannt.“

Margit schüttelt ihr Haupt.

„Übrigens, weißt du zufällig, wo der Fleischsalat abgeblieben ist?“

„Nee...“

Der Phaeton

Am nächsten Tag fährt Rudolpho zur Autowerkstatt, um den Schaden an seinem Fahrzeug schätzen zu lassen. Niemals denkt er an eine etwaige Reparatur. Er will nur wissen, was er sich erspart, wenn er den Schaden nicht richten lässt. Dabei sieht die Blechhaut seines gestressten Vehikels der Mondoberflächenstruktur täuschend ähnlich. Während er auf die Kostenschätzung wartet, schlendert er gelangweilt in die etwa dreißig Meter entfernte Neuwagenhalle. Gedankenversunken schaut er gerade einen silbergrauen Passat an und bemerkt nicht, wie sich eine magere Gestalt an ihn heranschleicht.

„Guten Tag, kann ich Ihnen helfen?", spricht ihn ein junger Verkäufer in dunklem Maßanzug in der Autohalle an. Rudolpho mustert die dürre Gestalt mit der Einmillimeter-Igelfrisur auffällig von unten bis oben. Er hasst diese aufdringlichen Verkäufer. Besonders diese Halbglatzigen. Da er aber nun einmal Langeweile hat, kann er sich ja ein Späßle erlauben. Er gönnt sich ja sonst nix, denkt Rudolpho.

„Naja, wenn ich fünf Jahre jünger wär', würde ich mir die flache Rennmusch'l dort drüb'n kaufen."

„Was meinen Sie denn mit flacher Rennmuschel?"

„Na, den, wie heißt der denn... äähh…, diesen Schlidd'n-Gustav eben."

„Schlitten-Gustav???"

„Mein Gott, wie heißt der denn... naja, den Ski-Rocco."

„Ach, Sie interessieren sich für den Scirocco?"

„Ich vielleicht schon, aber meine Bandscheib'n eigentlich ned."

Rudolpho dreht sich um und zeigt mit der linken Hand in die Richtung eines schwarz metallic lackierten Wagens.

„Naja, eigentlich int'ressier ich mich mehr für den Kübel da vorn."

„Sie interessieren sich für unseren Phaeton? Eine gute Wahl. Momentan das beste Pferd in unserem VW-Stall!“

Die Augen des jungen Mannes beginnen zu funkeln und Rudolpho hört schon dessen Kopfrechenmaschine tickern, wie sie seine Provision für diese Luxuslimousine ausrechnet. Überfreundlich flötet er:

„Darf ich Sie zu einem Tässchen Kaffee in mein Büro einladen, dann kann ich Ihnen in aller Ruhe die Vorzüge dieses Modelles erläutern und Ihnen ein Suuupi Angebot machen.“

Rudolpho mustert ihn mit großen Augen von oben bis unten:

„Aber schwul sind Sie doch hoffendlich ned oder?“

Der Verkäufer errötet leicht und lacht ein wenig gequält.

„Nein, nicht dass ich wüsste, keine Angst.“

„Angst hab’ ich ned, aber ‘ne Steinschleuder!“

Rudolpho nimmt auf dem Stuhl gegenüber des vermeintlichen Nichthomos Platz.

„Kaffee mit Milch und Zucker?“

„Alles her, was sie hab’n!“

Er bekommt einen besonders starken Kaffee.

„Naja, und wenn‘S dazu noch ein Gläsle Pils hätt’n?“

Mit den Worten „Haben wir zum Glück auch da“ stellt er ihm ein Glas und ein Fläschchen Hofbräu hin. Daraufhin gibt sich der junge Mann jede erdenkliche Mühe, ihm das Edelfahrzeug anzupreisen, während Rudolpho sich mit großen Augen einen großen Schluck aus dem Hofbräufläschchen genehmigt. Der Verkäufer scheint bei David Copperfield in die Lehre gegangen zu sein. Blitzschnell zaubert er einen Block und einen goldenen Edelkugelschreiber auf den Schreibtisch.

„Kommen wir nun zu Ihrer individuellen Ausstattung“, plappert der Hobby-Magier grinsend. Rudolpho setzt die Kaffeetasse an, verschluckt sich, hustet und prustet. Dabei spuckt er aus Versehen ein paar Tröpfchen Kaffee auf das Formular und auf das weiße Hemd seines Gegenübers.

„'Dschuldigung, aber ich bin so eine kräftige Brüh' ned gewöhnt!"

Der Verkäufer lächelt gequält und holt aus dem Schrank hinter ihm nochmals einen Satz Papiere.

„Macht nichts, Papier haben wir genug!"

Dann blickt er auf das Blatt und setzt seine goldumrandete Lesebrille auf.

„Also, wenn Sie einverstanden sind, gebe ich Ihnen jetzt fünf Seiten, auf denen Sie sich Grundausstattung und Zubehör aussuchen können."

Rudolphos kurze Antwort:

„Werf'n Sie's her!"

„Soll ich es mit Ihnen im Einzelnen durchgehen?"

„Nee, um Himml's Willen, dann fällt ja das Abendess'n aus und ich mager zum Skeledd ab. Ich kreuz' jetzt alles an und Sie rechnen mir's dann biddeschön aus."

„Wenn Sie es so wünschen."

Rudolpho schnappt sich den goldenen Kugelschreiber und beginnt sein individuelles Fahrzeug zu bekreuzigen. Nach einer Viertelstunde und unzähligen „Hmmm, Hmmm, Hmmm, des hädd ich auch noch gern drin!" ist er fertig und reicht die Liste seinem Gegenüber. Auf so einen goldenen Kugelschreiber war er schon immer scharf und als der junge Mann gerade nicht herschaut, versenkt er diesen in die Innenseite seiner Jackentasche.

Der Verkäufer beendet die Eingabe an seinem Computer und Rudolpho stellt sich gerade vor, welche schrägen Pornoclips der wohl im Netz inzwischen angeschaut haben mag. Der junge Mann rechnet mit seiner elektronischen Rechenmaschine jedes von Rudolpho angekreuzte Teil zusammen. Kaum ist er damit fertig, schaut er den Superkunden mit seinem synthetischen Lächeln an und singt:

„Da haben wir's. Komplett mit Überführungskosten und allem angekreuzten Zubehör, ich meine also äähh… diese von Ihnen ausgewählte edle Limousine kommt auf glatteääääähh... Einhundertsiebenunzwanzigtausend und einhundertundfünfundvierzig Euros und fünfunfvierzig Cent.“

Rudolpho erstarrt zur Berliner Goldelse.

Da er aber cool wirken möchte, greift er gaaaaaanz laaaangsam zu seiner Bierflasche, nimmt einen kräftigen Schluck, schaut dabei dem Verkäufer tief in seine blauen Augen, schnauft kurz ein und antwortet:

„Nnnojah, ist ja ein Superschnäbbchen, oder? Da ist aber die Wehrmachtssteuer schon mit drin, oder?“

„Sie meinen sicher die Mehrwertsteuer, aber selbstverständlich!“

Der Verkäufer jubiliert innerlich. In seinem Kopf tackert schon wieder seine geistig implantierte Provisions-Rechenmaschine. Als er bemerkt, dass der Alte ein wenig mit der Stirn runzelt, bemüht er sich, seine möglichen Einwände zu zerstreuen.

„Ein paar Fußmatten bekommen Sie natürlich gratis auf Kosten des Hauses dazu.“

„Das ist ja außerordentlich schön, besonders für die Füß’, aber ein wenig mehr möchte‘ ich schon als Entgegenkommen!“

Der Verkäufer sieht plötzlich, wie sich eine Schlinge um seine Provision zieht und fragt kleinlaut:

„An ääähhh… was äähhh... hätten Sie denn so gedacht?“

„Naja, ich will nadürlich zuerst eine Probefahrt mit der Kiste machen!“

Der Kurzgeschorene wird bleich.

„Hmmm, mein Chef mag es nicht so gerne, dass man mit dem Phaeton fährt, Sie wissen schon, wegen eines eventuellen Kratzerchens und so.“

„Gut, dann sagen’S Ihrem Chef er kann sich seinen Phaedon mitsamt dem beschiss’nen Zubehör in seinen Allerwertesden steck’n!“

Dabei beobachtet er mit Genugtuung, wie die Gesichtsfarbe des jungen Mannes von Zitronengelb auf Ampelrot wechselt und er dabei langsam in seinem Bürodrehstuhl gefühlte zwei Meter tiefer sinkt. Rudolpho ist aber inzwischen ganz scharf auf die Probefahrt, deswegen macht er ihm ein Angebot.

„Also weil Sie's sind, geb ich Ihnen als Pfand meine äußerst wertvolle gold'ne Armbanduhr! Bass'ns aber gut d'rauf auf, die ist fei von einem amerikanischen Millionär!"

Dabei verschweigt er natürlich, dass der amerikanische Millionär *Woolworth* heißt und er dort die Uhr in dessen Schnäppchenkorb für 3,50 Euros fand. Doch das bemerkt der junge Mann in seiner Aufregung nicht. Das Schnäppchen sieht auf dem ersten Blick wie eine echte Rolex aus.

„Außerdem hab' ich mein aldes Luxusgefährt als Pfand schon zum Schätzen bei euch in der Werkstatt drüben."

„Darf ich kurz meine Kollegen anrufen? Verstehen Sie bitte meine Vorsicht in diesem Fall!"

„Na freilich."

Der Autodealer greift zum Telefon und wählt die Kurzrufnummer der Werkstatt.

„Hallo Manni, ist bei euch das Fahrzeug von einem Herrn…?"
Dabei blickt er Rudolpho mit großen Augen an

„Wie war doch gleich Ihr Name?"

„Schmidd, Rudolpho Schmidd, mit ‚ph'!"

„Schmitt mit ‚ph'?"

„Nee, Rudolpho mit ‚ph'! Mein Gott!", korrigiert ihn Rudolpho ärgerlich.

„Hörst du, Manni, ich meine das Fahrzeug von Herrn Rudolpho Schmitt mit ph. Was? Nein Herr Schmitt hat natürlich keinen BH an, du Filzlaus! Rudolpho natürlich mit ph, mein Gott, wie kann man nur so blöd fragen?"

Nach einer Gesprächspause von etwa fünf Sekunden:

„Okay Manni, danke dir, bis heute Abend im Golfclub."

Er legt den Hörer auf.

„Also gut Herr Schmitt. Schmitt mit zwei harten ‚t-s'?"

„Jawohl, mit ‚dd' wie doller Dyp, ned mid ‚dt' wie doofer Drodd'l", ergänzt Rudolpho grinsend.

„Also gut, auch auf die Gefahr hin, dass ich mit meinem Chef Ärger bekomme, nehme ich es auf meine Kappe. Machen wir eine Probefahrt!"

Hastig reißt ihm Rudolpho den hingehaltenen Autoschlüssel aus der Hand, spurtet zur Edelkarosse und wirft seinen alten Body in die beigen Ledersitze. Ehe der Verkäufer, der natürlich mitfahren will, um den Wagen geht und an der Beifahrertüre ankommt, startet Rudolpho das Gefährt. Er ruft noch schnell aus dem geöffneten Fenster „Kann fei was dauern!" und fährt mit quietschenden Reifen in Richtung Hätzfeld davon. Im Rückspiegel erkennt er, dass der verzweifelte junge Mann kreischend hinter ihm her rennt und wild mit den Armen fuchtelt. Das juckt Rudolpho nicht eine Sekunde lang.

Nachdem er zwei Stunden mit Margit und Kurti eine kleinere Test-Überlandpartie hinter sich hat, jedoch hauptsächlich, weil die Tankanzeige schon lange Zeit so aufdringlich rot leuchtet, fährt er wieder zurück zu dem Autohaus, wo der Verkäufer verzweifelt auf ihn wartet.

Rudolpho ist sich sicher, dass sich der Verkäufer seinem Chef diesen Vorfall mit der Probefahrt nicht melden traut und dass er darauf hofft, dass Rudolpho den Wagen baldmöglichst wieder heil zurückbringt. Mit hängender Mundpartie, offenem Hemdkragen, gelöster Krawatte und roten Augenrändern steht der junge Mann an der Eingangstüre seines Büros. Er hat doch nicht etwa geweint?

Rudolpho wirft ihm den Schlüssel mit den Worten „Naja, möchte mal so sag'n: fährt ganz ord'ndlich die Kutsche, müsste aber wieder mal gewasch'n werden!" zu.

Der junge Mann schaut fassungslos auf die dicken braunen Dreckbatzen, mit denen die edle Karosse rundherum verziert ist. Rudolpho bemerkt das grinsend und berichtet stolz:

„Bin damit ein wenig im Reichenberger Forst und auf'm Acker beim Hätzfelder Golfplatz 'rumgedüsd und hab' die Kiste dabei fei ordendlich gedesded und auch mal g'scheid eingefahr'n."

Das Rotauge schluckt nur. Auf seiner Stirn sammeln sich Tröpfchen. Rudolpho hört förmlich das Platschen der Schweißperlen auf den Boden.

„Och ja, was ich noch hab' sag'n wollen: meinem Kumpel, dem Kurdi, ist es dabei ein bissle schlecht geword'n, aber die Flecken auf dem Lederbolster gehen sicherlich mit einem Tropfen Spüli wieder raus. Musst halt ein wenig schrubben und den Geruch kriegste mit Febrees sicher auch wieder raus."

Der bleiche Angesprochene schleicht zu seinem Bürodrehstuhl und hält sich, mit starrem Blick auf Rudolpho gerichtet, mit beiden Händen daran fest. Man hört, wie daneben ein paar leere Bierflaschen klirrend umfallen.

„Kommen wir nun zum Geschäftlichen", sagt der Verkäufer, der krampfhaft versucht sich zusammenzureißen.

„Glanner Glugscheißer, was? G'rad eben wollte ich den Hot Deal mit dir besprech'n."

Die Miene des jungen Mannes hellt sich plötzlich auf, er denkt, dass der alte Stinker nun endlich die große Bestellung unterschreibt.

„Aber ein wenig mussd du mir breislich schon noch entgegenkommen. Auf meinem Kondo fehlt mir noch ein glitzekleiner Betrag für die Anschaffung."

„An wieviel Nachlass hatten Sie denn so gedacht?"

„Naja, ich hob' so etwa dreiundsiebzich Euronen und einundfuffzich Cent auf mei'm Konto auf der Mainfranken Sparkass'n. Ich hab' gedacht, ich kann davon am Anfang so fuffzich Cent anzahl'n?"

Rudolpho vernimmt ein dumpfes Geräusch, als der Krawattenmann auf den graublauen Teppichboden aufschlägt.

„Nanana, wohl zu tief in's Glas g'schaud", meint Rudolpho spöttisch. „Ich hab' anfangs doch nur g'sacht, dass ich mich dafür inderessier. Dass ich die Karre kaufe, davon hab' ich nie was gesagd."

Mit schmerzverzerrtem Gesicht zieht sich der Zusammengebrochene an seinem Schreibtisch hoch. Rudolpho greift hastig nach seiner *wertvollen* Uhr, die auf dem Schreibtisch liegt und macht sich auf den Weg in Richtung Ausgang.

„Was ich noch hab' sagen wollen, an der Beifahrertür muss irgend so ein Vollpfosten mit seiner Uhr vorbeigeschrammt sein. Da ist nämlich ein etwa dreissich Zentimeter langer Kratzer. Leicht zu seh'n, direkt hinter der groß'n Beule, die vorhin in Hätzfeld des umfallende Fahrrad von so einem dummen Studenten verursacht hat, als ich den Wagen auf'n Fahrradweg geparkt hab'. Ach ja, und wenn'ste die hintere Stoßstange suchst, die liegt im Kofferraum. Die is' einfach so weggefall'n, wahrscheinlich, wie ich beim Rückwärtsfahren des Laternenmästle angetatscht hab'."

Plötzlich fängt der Verkäufer, der sich immer noch am Schreibtisch festklammert, wie ein verletztes Schaf wild zu blöken an und wirft einen silbernen Locher nach dem verdutzten Rudolpho. Dabei schreit er:

„Rrraaaauuuuuuussssssss!"

Rudolpho, den das eiserne Geschoss um Zentimeter verfehlt, dreht sich noch einmal um und knurrt ihn böse an:

„Sie, ich hätte da eine prima Adresse von einem prima Psychodoc mit einem dollen Designerbüffelledersessel aus Affenhoden. Außerdem kenn ich da auch noch eine kuuhle Klinig in der Füchsleinstraße."

Das Hundli

Die Sonne meint es recht gut an diesem Oktobermorgen und sein T-Shirt trieft schon vor Schweiß, als er die Hälfte seines Walking-Weges hinter sich hat.

„Jetzt hab' ich mir aber wieder ein wenig Spaß verdient", denkt Rudolpho und bleibt an der Umzäunung eines Bauernhofes stehen.

„Liebes Hundli!", sagt er, als er vor dem riesigen kläffenden Ungetüm hinter dem Zaun ein kleines Päckchen aus der Hosentasche zieht. Er hat sich daheim ein Butterbrot mit Wurst belegt und in Alufolie eingewickelt.

Das Vieh fletscht die Zähne und knurrt ihn an. Er weiß genau, wenn der Zaun nicht wäre, hätte diese schwarze Bestie ihn schon längst in seine Einzelteile zerfetzt. Jetzt fängt Rudolpho an, für's Hundli gut sichtbar die Folie zu entfernen. Stinkender weißer Schleim tropft aus Hundlis offenem Maul, während er bellt und dabei seine messerscharfen Beißerchen vorführt. Nun nimmt Rudolpho die feingeschnittene Salami vom Brot in die linke Hand und wedelt sie vor dem Bellenden hin und her.

„Schau nur her Hundli, ist das ned ein gudes Wurschdi?"

Der Kläffer bellt immer aufgeregter und will gerade zuschnappen. Zum Glück ist dieser Maschendrahtzaun dazwischen, wo sich das Hundli nun mit triefender Schnauze feste dagegen stemmt. Rudolpho nimmt die Wurst genüsslich in seinen Mund und fängt extrem laut zu schmatzen an. Das Hundli jault markerschütternd, was sich tatsächlich so anhört, als würde es weinen. In diesem Moment tut ihm der Hund doch etwas leid und mit den Worten „Ich bin ja kein Scheusal, bin doch der liebe Rudolpho" wirft er das Brot über den Zaun. Das Hundli schnappt sich hastig das Teil und frisst es gierig auf.

„Wenigstens das Brot, das etwas nach Wurst und dem Peiniger riecht. Ist besser als gar nix", denkt das Hundli wahrscheinlich und „Bevor das Menschen-Arschloch mir das auch noch wegfrisst."

Rudolpho walkt weiter. Er läuft wie immer den Weg, der an einem kleinen Waldstück vorbeiführt. Etwas knackt im Gehölz. Einen Augenblick lang überkommt ihn das Gefühl, dass er beobachtet wird. Aber denkt:

„Da hab' ich jetzt sicher einen Hirsch aufgeschreckt."

Eine halbe Stunde später ist er wieder daheim bei seiner Liebsten. Mit einem spöttischen Unterton bemerkt sie nur:

„Wo bist du denn schon wieder so lange umhergeirrt."

„Hundli füddern", sagt er lächelnd.

„Kannst du mir nicht einmal eine vernünftige Antwort geben?", mault sie ihn an. Aber sie kennt ja ihren geliebten Idioten und weiß, dass er über seine Dummheiten kein Wort bei ihr verliert. Meistens erfährt sie seine neuesten Eseleien nur zufällig, wenn sie manchmal mit seinem Freund Kurti spricht.

Die Todesladung

Mittwoch, 04. April 2012 - 16:59 Uhr

Das laute Gähnen Viktors übertönt den Krawall seines Vierzigtonners. Nach einer langen Fahrt durch Deutschland und der Tschechei biegt er in den Werkhof in Kattowitz ein, um endlich seine schwere Fracht mit Holzkisten voller Fahrzeugteile in dem halbverfallenen Fabrikgebäude abladen zu können. Er ist so müde, dass er beim Rückwärtsfahren fast die Laderampe rammt. Kreuzlahm klettert er aus dem Führerhaus und steigt auf die Rampe. Ein leichtes Grinsen huscht über sein Gesicht. Er stellt sich gerade vor, wie er in einer Stunde endlich wieder daheim in seinem eigenen Bett, bei seiner Frau und seinen fünf Kindern sein würde, die er schon seit über einer Woche nicht mehr gesehen hat.

Mit einem lauten Seufzer schlägt er die graue Plane seines schweren Gefährtes zurück und entriegelt die hintere Wand der Ladefläche. Krachend und mit einer kleinen Staubwolke hinterlassend fällt sie nach unten. Er schaut zur Ladung. Irgendetwas irritiert ihn. Mit seinen kräftigen Pranken reibt er seine müden Augen und kann es erst nicht fassen, was er sieht. In der Mitte der oberen Plane klafft ein tiefer Riss und zaubert einen goldenen Lichtstreifen von der Morgensonne auf die rostigen Metallcontainer. Aufgeregt quetscht er sich an den vorderen Stahlbehältern vorbei, um es besser begutachten zu können. Sein Blick fällt auf eine dunkelrot verklebte, leblose Masse, die aussieht wie eine abgestochene Wildsau. Als sich seine Augen an das Halbdunkel etwas angepasst haben, erkennt er, dass dies ein bulliger, blutüberströmter Mensch ist. Er reibt sich nochmal die Augen und glaubt, dass er träumt. Der Schrei bleibt in seinem Hals stecken. Dabei fällt er auf seinen Hosenboden. Mit einem Schlag ist er hellwach, rafft sich auf und rennt quer durch die

Lagerhalle zum Werksbüro, um den Vorfall zu melden und die Polizei und den Notdienst zu verständigen.

Drei Wochen später

„Da haben Sie aber ein großes Wunder vollbracht", flötet die vollbusige Assistenzärztin mit ihren roten Haaren unter dem weißen Häubchen dem Oberarzt zu. Nach drei Wochen Intensivstation und einigen Operationen schieben sie das Bett mit dem mysteriösen Schwarzhaarigen in das Vierbettzimmer der kleinen Klinik in Kattowitz. Der Arzt schließt die technischen Geräte an die Versorgungsleiste hinter dem Bett an, während sie eine neue Infusion für den Patienten vorbereitet.

„Wenn wir nur endlich wüssten, wie dieser Bursche in den LKW kam und wer er ist."

„Ich hoffe der Kerl kann sich bald wieder an irgendetwas erinnern."

„Naja, dann müsste er erst einmal mit uns sprechen können, aber dazu wäre es hilfreich, wenn sein Kieferbruch baldmöglichst geheilt ist."

„Trotzdem ist es fraglich, ob er überhaupt unsere Sprache versteht. So wie der aussieht ist er offensichtlich kein polnischer Landsmann, sondern eher ein Südländer. Wenn wir Pech haben, ist er nicht einmal versichert."

„Es geht mir in erster Linie eigentlich um die Gewissheit, dass jemand seine Behandlungskosten übernimmt. Wie Sie ja wissen, ist unser Budget momentan sehr ausgelutscht."

„Jaja, sehr ausgelutscht", antwortet sie gedankenversunken, während sie die Mullbinden am Kopf des Patienten lockert, um nach den Wunden zu schauen. Zufrieden nicken sich beide an und verbinden ihn wieder.

„Ich schätze in etwa vier Wochen wird er wieder einigermaßen auf dem Damm sein", gibt der Oberweißkittel seinen Kommentar ab. Während der gesamten Prozedur stiert der Patient mit seinen dunklen Augen nur geradeaus auf die weißgetünchte Zimmerdecke, ohne einen Muckser von sich zu geben. Er versteht sowieso kein Wort von dem, was sie sagen und sieht nur, wie sie ihn anlächelt und spricht:

„Wszystko w swoim czasie[19].“

Sie decken ihn wieder zu und wenden sich seinem Bettnachbarn zu.

Während der nächsten sieben Tage wird er von Schwester Janina mit den halblangen rotbraunen Haaren und dem unübersehbaren Vorbau sorgsam gewaschen. Er atmet ihr nach Lavendel duftendes Parfüm ein, während sie ihn mittels eines Strohhalmes füttert. Sie schiebt ihm auch jeden Morgen mit Hingabe zwecks erfolgreicher Geschäfte, die nicht nach Lavendel riechen, eine Bettpfanne unter seinen strammen Hintern. Sie glaubt zu bemerken, dass er ihr sogar manchmal dabei schüchtern zulächelt. Sie gefällt ihm offensichtlich und sie versorgt ihn, wäscht und füttert ihn, wobei sie ihn immer erwartungsvoll anlächelt und dabei mit ihrem betörenden Duft narkotisiert.

Alle zwei Tage inspiziert ihn der Oberarzt und ist mit der Heilung seiner Wunden mehr als zufrieden. Gar nicht zufrieden ist er, weil der Liegende immer noch kein Wort spricht, obwohl dieser seinen Kiefer schon wieder vorsichtig hätte bewegen können.

Nach weiteren sieben Tagen kann er schon vorsichtig und mit einem Rollator und dem Infusionsgestell selbständig zur Toilette gehen, spricht aber immer noch kein Wort. Tage darauf geht er mit dieser Gehhilfe nun täglich den Klinikflur entlang und erkundet mit wachen Augen die Gegend. Wenn ihn keiner beobachtet, studiert er aufmerksam die im Stockwerk an den kargen hellgrün gestrichenen Wänden ausgehängten Notfall- und

[19] „Alles zu seiner Zeit“

Fluchtpläne. Die daneben aufgehängten Plakate kann er nicht wirklich lesen. Da er aber weiß, dass demnächst die Fußball-Europameisterschaft in Polen und in der Ukraine stattfindet, ahnt er was darauf steht.

Weitere zehn Tage später betritt Schwester Janina früh um 6.30 Uhr das Krankenzimmer, um wie gewohnt die orange-gestreiften Vorhänge des Bettenzimmers aufzureißen. Sie flötet wie immer:

„Guten Morgen meine Herren, Zeit zur Morgentoilette."

Sie wundert sich, dass das Bett am Fenster leer ist und fragt die drei anderen Mitpatienten, ob sie vielleicht wissen, wo der stumme Mitpatient sein könnte. Alle geben an, dass dieser abends noch in seinem Bett gelegen hat, bevor sie eingeschlafen sind und sie nicht gemerkt haben, wann und wie er das Zimmer verlassen haben könnte.

Der stumme Schwarzhaarige schleicht sich nachts um ca. 1:30 Uhr, als er sicher ist, dass alle schlafen, vorsichtig aus dem Zimmer. Vorher hat er genau erkundet, wo die Wäschekammer ist. Dort besorgt er sich einen weißen Arztkittel und findet sogar ein paar alte braune Schuhe, die ihm leidlich passen. So trottet er nach draußen am Nachtpförtner vorbei, der ihn im Halbdunkel der Nachtbeleuchtung für einen Arzt hält und es ihm peinlich ist, dass er ihn nicht erkennt. Vorsichtshalber sagt er nur „Gute Nacht Herr Doktor."

Der im weißen Kittel ist ein Profi. Deshalb dauert es nicht lange, bis er ein geeignetes Fahrzeug findet, welches er aufbricht und kurzschließt. Das erste Mal seit Wochen, dass er wieder einmal sein Grinsegesicht aufsetzt. Ihm fällt ein, dass er ja in Polen ist, wo so ein Vorfall sicher keinen Wirbel auslöst. Er sorgt ja nur für so etwas wie eine Fahrzeugrückführung nach Germany.

Irgendwie, nachdem er zweimal das Fahrzeug wechselt, hat er es geschafft. Er ist wieder daheim in seiner Wohnung, einem Kellerloch im Würzburger Stadtteil Heuchelhof. Hier fällt er nicht auf, denn dort wohnen viele Migrantenfamilien. Wegen der vielen Russlanddeutschen wird die Gegend auch Klein-Russland genannt!

Drei Tage erholt er sich in seiner Wohnung von seinen Strapazen. Dann hält er es nicht mehr aus. In seinem Kopf haben sich in den letzten Wochen die Rachegedanken aufgestaut. Nur deswegen hat er sich mit aller Gewalt schnellstens erholt. Inzwischen ist er wie im Blutrausch, seine Wut ist grenzenlos. Er schaut sich im Spiegel an, blickt auf seine hässlichen Narben und stößt einen markerschütternden Schrei aus. Sein Puls schlägt wie wahnsinnig, als er in die Küche läuft, sich ein scharfes Messer in die Jackentasche steckt und hinter sich die eiserne Kellertüre zuknallt.

Das Fußballspiel

Mittwoch, 13. Juni 2012 - 20:30 Uhr

Die Gegend in der Lehmgrubensiedlung ist wegen des Europameister-Vorrundenspiels fast leer, als ein Narbengesicht die Zielstraße entlang läuft. Da erblickt er plötzlich zwanzig Meter vor sich eine ihm bekannte Person, die mit zwei Bierflaschen in der linken Hand die Straße entlang geht. Eilig duckt er sich hinter einen schwarzen verbeulten Passat und beobachtet ihn mit hasserfüllten zusammengekniffenen Augen. Doch geht der Alte nicht wie von ihm erwartet in das Haus, in dem ihm damals so grässliche Schmerzen zugefügt wurden, sondern in ein Nachbargebäude.

„Ischt Arschloch umgezogen?“, fragt er sich.

Vollkommen verunsichert beschließt er, erst einmal in seiner Deckung zu verharren und abzuwarten, bis es etwas dunkler ist und keiner mehr den Gehsteig entlang läuft.

Während er diesen Hauseingang beobachtet, denkt er nach, was er tun könnte. In diesem Moment sieht er einen silbernen BMW mit blauen Streifen um die Ecke fahren. Es sind die beiden Beamten, die routinemäßig in diesem Viertel Streife fahren. Sie sind etwas stinkig, man hat ihnen diesen Dienst am heutigen Abend trotz des Fußballspieles aufgebrummt. Aufgeschreckt vom Anblick der Polizisten läuft weiter. Er will einmal um den Block laufen, um nach dessen Umrundung endlich zuzuschlagen.

20:45 Uhr - Spielanpfiff des Europameisterschafts-Spieles Deutschland gegen Portugal in Lemberg - Ein Franzose ist Schiedsrichter - Dreißigtausend Zuschauer hocken auf harten Stadionsitzen im Lwiw-Stadion - zwei ältere Zuschauer hocken auf einem durchgesessenen Sofa und glotzen wie gebannt auf einen alten Röhrenfernseher - zwei volle Flaschen Hofbräu-Pils auf dem Tisch warten darauf, in Rekordzeit geleert zu werden.

Ab und zu lassen die beiden Alten einen kurzen Schrei los, wenn gerade wieder einmal ein Spieler in weißem T-Shirt und schwarzer kurzer Hose das schwarzweiße runde Ding nicht in den großen eckigen Kasten trifft. Zum Glück gehen auch alle Schüsse dieser Rotgekleideten nicht in das Tor vom Kastenhüter Neuer. Manchmal loben die beiden den deutschen Torwart, weil er den Ball mit beiden Händen abfängt. Die beiden Fläschchen auf dem Tisch sind erwartungsgemäß bald leer und die beiden Alten dem Verdursten nahe.

„Hey Rudolpho, war das alles an Flüssichkeiten was du mitgebracht hast?“, fragt Kurti.

Badstuber erhält gerade vom französischen Schiedsrichter eine gelbe Karte wegen eines Fouls.

„Ich glaub ich zeich dir deswegen auch gleich die gelbe Kard‘n.“

„Nee danke, deine gelb‘n Zähne reich‘n mir schon“, bemerkt Rudolpho spöttisch und fügt hinzu: „Aber gud, weil du so nett warst und die vergammelden Restles-Chips vom letzden Spiel von vor vier Woch‘n spendiert hast, fahr ich in der Halbzeit schnell in die RAN-Tanke und hol‘ noch ein Sixbäggle von dieser Würzburger Hofbrühe, bevor du mir noch die rote Arschkarte zeigst.“

21:40 Uhr - Halbzeitpause

Rudolpho entfleucht ein kurzer Rülpser, bevor er aufsteht um die Bierchen zu besorgen. Er sieht gerade noch den roten Feuerball hinter dem Bahndamm in der Stuttgarter Straße verschwinden, bevor er in die Tankstelle einfährt.

„Oha, Diesel ist heut‘ aber billig, nur 1,34.9!“

Somit fährt er erst mal an eine Zapfsäule und lässt den Tank seiner Schrottkiste mit den Worten „Du verbeuldes, schwarzes Ungetüm sollst auch ned verdurschd‘n“ voll laufen.

Dann schnappt er sich im Kassenraum noch eines der Sixpacks Hofbräu, die am Eingang aufgebaut sind und geht zur Kasse. Dort steht ein mürrischer Angestellter, der lieber das gleich wieder anlaufende Spiel sehen will, als zu kassieren.

„Eine Herrenhandtasche und tanken, macht zusammen 68,96 Euros.“

„Eine was bidde???“

Brummig antwortet der Kassierer auf Höchstdeutsch:

„Eine Herrenhandtasche, also auf fränkisch ein Sixbäck!“

„Na, sag's doch gleich.“

Rudolpho bezahlt mit EC-Karte und schaut noch ein wenig auf den Fernseher, den sich der Angestellte auf den freien Platz schräg hinter der Kasse aufgestellt hat. Im Spielgeschehen tut sich die ersten zehn Minuten nach dem erneuten Anpfiff nichts Außergewöhnliches und so entschließt Rudolpho mit einem kurzen „Tschüßchen“, sich eiligst wieder auf den Weg zu Kurtis Wohnung zu machen.

Die Sonne ist gerade unter gegangen, als ein Narbengesicht um die Ecke der Zielstraße biegt und sieht, wie eine Frau in das beobachtete Haus geht. Er erkennt, dass dies die Alte ist, die ihn damals mit der Salami traktierte.

„Prima, dann stesche isch die alte Schlampe auch gleisch mit tot“, murmelt er hasserfüllt. Mit entsprechendem Werkzeug öffnet er professionell die Haustüre und hört, wie sich eine Frau und ein Mann lebhaft im Wohnzimmer bei laufendem Fernseher unterhalten. Er schleicht sich langsam an die beiden heran und zieht dabei ein Messer aus seiner linken Jackentasche. Er hebt die Hand, um blitzschnell im entscheidenden Moment zustechen zu können. In diesem Augenblick dreht sich der Mann auf dem Sofa zur Seite, um die leere Bierflasche aufzuheben, die gerade umfällt, als er mit dem Fuß d'ran stößt. Der Stich geht in's Leere, und der Schwarzhaarige fällt über die Lehne des Sofas. Die Frau schreit auf und rennt aus dem Haus.

Der Alte mit der Flasche in der Hand dreht sich um und schaut den Angreifer entsetzt an, der sich inzwischen mit dem Messer wieder aufgerichtet hat. Der Alte weicht erschrocken einen Schritt zurück und stößt dabei ein Videoregal um. Eine komplette Erotiksammlung und ein Exemplar einer Kriegs-VHS-Kassette verteilen sich klackernd auf dem Wohnzimmerboden. Der Bärtige mit dem Messer in der rechten Hand humpelt nun auf ihn zu, rutscht auf einem Cover aus, fällt vorwärts und trifft dabei mit der Messerklinge genau in die Brust des vor ihm stehenden Mannes. Dieser Stich geht mit aller Wucht genau in's Herz. Der Getroffene fällt sofort tot um.

„Verdammte Scheiße, wer bischt du denn?", stammelt der Angreifer, als er in das leblose Gesicht mit den aufgerissenen Augen sieht.

Das Messer steckt tief in der Brust des Toten, rote Soße quillt über das Hemd und auf den Teppich.

„Verdammte Scheiße!", wiederholt der Bärtige und humpelt schnell aus dem Haus. Er sieht noch kurz nach, ob die Frau von vorhin noch in der Nähe ist, kann sie aber nicht entdecken und beschließt erst einmal, die Flucht zu ergreifen. Als er um die Ecke des Häuserblockes biegt, sieht er von weitem, wie ein alter Mann mit einem Sixpack in der Hand in das Haus geht. Er erkennt ihn sofort. Laut fluchend geht er weiter und schwört, seinen Racheplan bei der nächstbesten Gelegenheit fortzusetzen.

Rudolpho denkt sich nichts dabei, dass die Wohnungstüre halb offen steht und knallt sie mit einem Fußtritt zu. In der Diele überfällt ihn so ein komisches Gefühl. Vom Wohnzimmer her hört er den Fernsehkommentator in der 73. Spielminute brüllen:

„Flanke von Khedira, Gomez... Gomezzzz... - Tooooor... Tooooor ... Tor durch Kopfschuss von Gomez, ...was für ein Tor - unhaltbar für Patricio!“

Er hat ein ungutes Gefühl und ahnt sofort, dass etwas passiert sein muss. Normalerweise wäre sein Kumpel bei so einem Tor ausgeflippt und hätte im Wohnzimmer sofort einen seiner berüchtigten John-Travolta-Saturday-Night-Fever-Tänze aufgeführt und dazu mit höherer Fistelstimme gejodelt wie Robin Gibb von den Bee Gees im Kinderwagen. Er geht in's Wohnzimmer und stolpert über zwei Füße. Erschrocken blickt er auf den Boden. Direkt neben dem Sofa liegt Kurti mit aufgerissenen Augen und offenem Mund.

„Kurdi, Kurdi, was ist los, mach‘ doch kein‘ Scheiß!“

Jetzt erst bemerkt er das Blut an Kurtis Hemd, das sich von dort aus auf dem grauen Teppich neben ihm ausbreitet. Das Regal mit den Videos ist umgestoßen und die Kassettenhüllen liegen am Boden verteilt. Rudolpho glaubt im ersten Moment an einen von Kurtis bitterbösen Scherzchen und stößt ihm kräftig mit dem Fuß in die Seite.

„Hey Alder, lass doch den Mist.“

Aber Kurti rührt sich nicht. Nun erst registriert Rudolpho den schwarzen Messergriff, der aus dem dunkelrot gefärbten Hemd im Brustbereich herausragt und begreift die todernste Situation. Mit zitternden Händen wählt er mit seinem Mobiltelefon die 110. Die Notrufzentrale registriert den aufgeregt stotternden Mann um 22:32 Uhr und alarmiert sofort eine Polizei-Streife, die in der Nähe ist.

„Sagen Sie mal, kennen wir uns nicht?“, sind die ersten Worte, die dem Polizisten in Uniform entweichen, als ihn der völlig verstörte Rudolpho an der Haustüre in Empfang nimmt. Rudolpho schaut ihn zitternd und mit starrem Blick an.

„Kurdi is‘ dod.“ Dabei deutet er mit der Hand in Richtung Wohnzimmer. Der Uniformierte alarmiert die Kollegen von der Mordkommission, die zehn Minuten später, gefolgt von der Spurensicherung, eintreffen.

Der mürrische Kriminalhauptkommissar Jochen Lange und seine junge Kriminalassistentin Gabriele Hartmann begutachten alle Räume und nehmen ihre Ermittlungsarbeit auf. Rudolpho wird in's Polizeirevier gebracht, wo man ihn stundenlang befragt. Dabei werden ihm auch vorsichtshalber seine Fingerabdrücke genommen und eine Speichelprobe gemacht. Nachdem der Angestellte der Tankstelle ihm am frühen Morgen sein Alibi bestätigt, darf er wieder heim.

Mindestens zehn Mal hat er diese Nacht versucht, Margit auf dem Handy zu erreichen. Sie geht nicht ans Telefon, weswegen er sehr besorgt ist. Eine ganze Akkuladung lange probiert er es, bis er irgendwann aufgibt. Noch besorgter ist er, als er nun feststellt, dass sie nicht daheim ist. Er sucht die ganze Wohnung ab, sieht sogar im Keller, sogar unter dem Bett, in den Küchenschränken und im Kühlschrank nach, aber er kann keine Margit finden. Normalerweise hinterlässt sie eine Nachricht an der magnetischen Pinnwand in der Küche, wenn sie schnell etwas besorgen will und fortgeht. Aber hier hängen nur zwei Zettel, die sie an ihre nächsten Zahnarzttermine erinnern. Es ist ca. 9:00 Uhr. Normalerweise stehe beide um etwa 8:30 Uhr auf. So früh geht sie nach ihrem Renteneintritt nie grundlos aus dem Haus. Ungewöhnlich ist auch, dass das Doppelbett schon mit der hellgrauen Tagesdecke versehen ist und auf dem Wohnzimmertisch noch ein halbleeres Sektglas und eine halbvolle Piccolo-Flasche stehen. Auch dass ihr neues, angefangenes Häkelwerk samt Häkelnadeln daneben liegt, beunruhigt ihn sehr.

„Das gibt's doch ned, ich bin doch der Messie!“, entfährt es ihm. Sie räumt normalerweise alles sofort auf. In den Räumen, wo sie sich aufhält, sieht es morgens bis abends wie geleckt aus.

Er läuft in sein Arbeitszimmer und steckt sein Handy in die Ladestation. Weil er es nicht mehr aushält, kramt er die Visitenkarte vom Kriminalhauptkommissar Lange aus seiner Hosentasche und ruft ihn vom Festnetztelefon im Wohnzimmer aus an. Der versucht ihn zu beruhigen und rät ihm, erst einmal alle Orte abzuklappern, wo sie sich aufhalten könnte und gibt ihm zu verstehen, dass er sowieso erst nach vierundzwanzig Stunden eine Vermisstenanzeige bei der nächsten Polizeistation aufgeben könne. Vielleicht habe sie ja bei einer Freundin oder Verwandten das Fußballspiel angesehen und dort übernachtet. Rudolpho fragt sich: „Welche Freundin? Welche Verwandten?“

So sehr er sich den Kopf zerbricht, ihm fallen keine ein. So macht er sich auf den Weg und fragt in allen Läden der Stadt, wo sie sich normalerweise hätte herumtreiben können, ob sie eine Frau mittleren Greisenalters mit giftgrünen Augen und immer kalten Händen heute Morgen bemerkt haben. Ein genervter Bäckermeister gibt ihm den Rat:

„Schau‘n Se doch mal in's Leichenschauhaus, da liegen eine Menge solcher Frauen, auf die ihre Beschreibung passt.“

Wäre Rudolpho nicht so müde, hätte er ihn jetzt angebrüllt und ihm eine kräftige Ohrfeige verpasst. Frustriert geht er mit schnellen Schritten weiter. Es ist schon kurz nach dreizehn Uhr, als er die Haustüre aufschließt. Sofort bemerkt er, dass ihre kiwigrüne Jacke und ihre Handtasche wieder an der Garderobe hängen.

„Schatz bist du da?“, ruft er.

„Hier in der Küche“, kommt prompt die Antwort.

Ihm fällt ein ganzer Steinbruch vom Herzen, als er sie am Küchentisch mit einer Tasse brauner Brühe sitzen sieht. Aufgeregt fragt er:

„Hey, sag mal, wo warst du? Ich hab' wie ein Irrer die ganze Zeid nach dir gesucht und wollte schon eine Vermisstenanzeige aufgeb'n!"

„Im Ernst?", fragt sie scheinheilig.

Rudolpho schreit sie an:

„Neeee, bei der Bolizei!"

„Ich hatte schreckliche Angst und habe mich die ganze Nacht im Städle herumgedrückt."

„Vor was hast du denn Angst gehabt?"

„Ich habe einen gesehen, der sah genauso aus wie… du wirst es nicht glauben... wie... wie dieser Hassan."

„Hassan? Das ist unmöglich, den hab'n wir doch mustergüldich entsorgt! Diese südländischen Ganoven seh'n doch alle gleich aus, da hast du dich sicher geirrt!"

Margit bricht in Tränen aus. Mit weinerlicher Stimme versucht sie eine Erklärung.

„Ich wollte gestern zu euch hinüber und da sah ich in der Straße das Polizeiaufgebot und die neugierigen Gaffer. Es wurde erzählt, dass etwas mit dem Kurti passiert sei. Ich meinte, an der Straßenecke diese Gestalt zu entdecken, die genau wie dieser Hassan aussah. Kurz darauf sah ich, wie du mit dem Polizeiwagen abgeführt wurdest."

„Ich bin ned abgeführt worden, ich bin als Zeuche verhört worden!", protestiert er.

Sie wirkt übernächtigt und zittert.

„Das wusste ich doch nicht. Ich erfuhr doch erst heute Morgen im Radio Stradivari, was wirklich passiert ist. Ich hatte solche schreckliche Angst und habe mich deswegen am Spielplatz an der Stadtmauer versteckt. Nur einmal habe ich versucht dich von der Telefonzelle aus auf deinem Handy anzurufen."

„Mist“, sagt er, „mein Aggu war irgendwann leer, weil ich dich die ganze Zeit angeruf'n hab'.“

Müde setzt er sich zu ihr, gibt ihr einen Kuss auf die Wange und trinkt mit ihr noch einen Kaffee (oder ist es doch Kakao oder Tee?) und erzählt ihr, wie er diese Nacht erlebt hat. An diesem Abend haben die beiden keine Lust den Tatort im Fernsehen anzuschauen und fallen übermüdet in ihr Bett. Margit kann nicht einschlafen, denn sie überlegt fieberhaft, wie sie ihm die Wahrheit beibringen soll.

Rudolpho schnarcht sofort los und träumt dabei wieder mal einen schrecklichen Horrortraum. Diesmal wird er vom Kurti verfolgt, der ihn mit einer Axt erschlagen will. Sein Margitle steht mit geschränkten Armen dabei und lacht hämisch. Und da erscheint auch schon wieder diese schwarze Mamba...

Der Abend vorher aus Margits Sicht

Mittwoch, 13. Juni 2012 - 21:39 Uhr

Sie will ihrem Mann schon lange etwas gestehen, aber ihr fehlt immer der Mut.

„In knapp einer Stunde wird das Fußballspiel zu Ende sein“, denkt sich Margit, „dann werde ich es ihm endlich beichten.“

Sie hat schreckliche Angst, dass Rudolpho wegen dieser Sache schlimm ausrastet und die Wohnung dabei in ihre Einzelteile zerlegt. Aber wenn die deutsche Mannschaft ein Fußballspiel gewonnen hat, dann ist er meistens sehr friedlich und äußerst gut gelaunt. Jedoch will sie auch so fair sein und es zuerst jemanden erzählen, der hauptsächlich davon betroffen ist. Dann sieht sie zufällig, wie ihr Mann in der Halbzeitpause Kurtis Haus verlässt. Sie nimmt allen Mut zusammen, nimmt ein Foto und einen Brief in die Hand und verlässt ebenfalls das Haus.

Noch bevor sie zum Nachbarhaus ein paar Meter weiter kommt, bemerkt sie eine Gestalt, die hinter einem schwarzen Wagen, der gegenüber geparkt ist, das Haus beobachtet. Sie denkt sich aber nichts dabei, da in ihrem Kopf gerade eine andere Geschichte rumort. Kurtis Haustüre ist nur angelehnt. Sie geht hinein und ruft:

„Hallo Kurti, bist du da?“

„Da bin ich, im Wohnzimmer!“

Natürlich erkennt er sofort Margits Stimme und wundert sich, was sie zu so später Stunde hier will. Und das auch noch während eines Fußballspieles. Sie fängt an zu stammeln:

„Du, Kurti, ich muss dir und Rudolpho etwas sagen, was ich schon jahrzehntelang mit mir rumschleppe. Ich habe euch gegenüber ein wahnsinnig schlechtes Gewissen und ich platze, wenn ich es euch beiden nicht bald beichte.“

„Hä hä hä, na, dass du blatzt wollen wir doch alle ned!", versucht er zu scherzen, „jetzt schieß schon los oder willst wart'n, bis Rudolpho mit den Bierli wieder da ist?"

„Ist gut so, ich muss zuerst mit dir darüber sprechen!"

„Na, dann schieß endlich los."

Sie setzt sich neben ihn auf das braune, durchgesessene Sofa, das in der Mitte des großen Wohnzimmers steht und eigentlich längst auf den Sperrmüll gehört hätte. Aber es ist ein Erbstück seiner Eltern, die durch einen Autounfall starben, als er achtzehn war. Auf diesem Möbelstück hatte er schon als Kind mit seinen Eltern Fernsehen geschaut. Ihm kommen regelmäßig die Tränen, wenn er davon erzählt und er meint:

„Solch ein Erinnerungsstück wirft man ned einfach so weg!"

Und dass es solch einen ungewöhnlichen Platz in der Mitte des Raumes hat, begründet er folgendermaßen:

„Damit man eine bessere Sicht auf den Fernseher hat und man die Tore besser sieht!"

Margit zögert, bevor sie zu reden beginnt.

„Lieber Kurti, versprich mir aber, dass du nicht ausrastest wenn ich dir nun ein großes Geheimnis verrate. Bleib bitte ruhig sitzen, denn es wird dich umhauen. Auf alle Fälle wird es dich schockieren. Oh, es fällt mir verdammt schwer, es dir zu sagen."

Langsam verliert er die Geduld.

„Mädle, nun mach' schon, das Spiel geht gleich weiter."

„Naja, die Sache ist ähh… unser Sohn Alexander… äh... heiratet demnächst in den Staaten, weil seine Verlobte nun ein Kind erwartet und ähh...", beginnt sie stockend.

Weiter kommt sie nicht. Er streckt seine Füße aus und stößt dabei seine Bierflasche um, die er unter den Tisch gestellt hatte. Reflexartig bückt er sich seitwärts hinunter, um sie wieder aufzustellen.

Kurti spürt einen kalten Windhauch, bevor sich zwischen ihm und Margit eine wilde Person mit einem Messer in der rechten

Hand kopfüber von hinten über die Sofalehne stürzt und dabei den Tisch umwirft. Kurti packt geistesgegenwärtig die umgestürzte Bierflasche am Hals und geht einen Schritt rückwärts, stößt an das Videoregal, welches laut krachend zusammenfällt. Dabei verteilt sich seine geliebte Porno-Sammlung über den ganzen Wohnzimmerboden. Wie gelähmt schaut er in das wilde Gesicht des Angreifers, der mit einem Messer in der Hand auf ihn einsticht.

Der Treffer tötet ihn sofort. Sein Schock ist so groß, dass er keinen Schmerz verspürt.

Das Begräbnis

Donnerstag, 28 Juni 2012 - 14:00 Uhr

Es dauert etwa zwei Wochen, bis Kurtis Leiche zur Bestattung freigegeben wird. Da Kurt Wessel keine Angehörigen mehr hat, darf Rudolpho am Grab die Trauerrede halten. Dabei reißt er sich mächtig zusammen, um nicht loszuheulen. Seinen Freund will er ordentlich bestatten lassen und hat da etwas vorbereitet.

Als Altrocker denkt er immer an sein Vorbild Mick Jagger von den Rolling Stones, der vor einem Rockkonzert am 5. Juli 1969 im Londoner Hyde Park für seinen ertrunkenen Musikerkollegen Brian Jones ein Stück aus *Adonais* von Percy Bysshe Shelley vorlas. Danach wurden auf der Bühne hunderte weißer Schmetterlinge freigelassen, die wie zitternde weiße Schneeflocken gegen den Himmel schwirrten. Er hat sogar vor einiger Zeit dieses alte Video davon zusammen mit Kurti angesehen. Er erinnert sich, wie Kurti fragte:

„Warum sind denn die Schmedderlinge alle weiß?“

Worauf Rudolpho antwortete:

„Weil das die zum selber anmal’n sind!“

Rudolpho erinnert sich an Kurtis herzhaftes Lachen. Dieses gemeinsame Erlebnis vorm Fernseher hat er in solch positiver Erinnerung, dass er vor den zahlreichen Trauernden, die um das Grab seines besten Freundes versammelt sind, ein selbst geschriebenes Werk vortragen will. Das, so glaubt er fest, ist er seinem besten Kumpel schuldig. Gleichzeitig ist er der Meinung, Mick Jagger mit dieser Aktion noch übertrumpfen zu können und damit mächtig Eindruck bei den vielen Trauernden schinden zu können.

Die umfangreiche Trauergemeinde besteht aus ihm, Margit, dem Pfarrer und zwei dicken, alten Tratschweibern, die geschworen haben, sich bis zu ihrem eigenen Ableben keine Beerdigung entgehen zu lassen. Rudolpho dagegen geht normalerweise nie auf eine Beerdigung. Er ist der Meinung, dass die, auf dessen Beerdigung er geht, zu seiner schließlich auch nicht erscheinen. Nach den trostspendenden Worten des evangelischen Pfarrers tritt er mit einem schwarzen Schächtelchen und ein paar zerknitterten Zettelchen an das Grab heran, legt die zerknitterten Papiere auf einen ebenfalls mitgebrachten Notenständer. Mit tränenden Augen schaut er in die Runde und auf das Grab, wobei ihn vier Augenpaare erwartungsvoll anstarren. Alle denken:

„Hoffentlich singt er jetzt nicht!"

Nach einer längeren künstlerischen Pause trägt er vor diesem erlesenen Publikum folgende selbst geschriebene und herzzerreißende Zeilen vor:

„Aldi - Rindsrouladen, Babrikabulver… , Mist verfluchter, falscher Zedd'l!"

Mit hochrotem Kopf zerknüllt er diesen Zettel und wirft ihn auf den Sarg im offenen Grab. Er räuspert sich und holt ein zerknittertes Tuch aus der Hosentasche. Lautes Rotzen durchbohrt die Grabesstille. Dann putzt er damit seine Lesebrille und setzt sie auf. Er beginnt von neuem, sein selbstverfasstes Gedicht für Kurti vorzutragen:

„Ähhmm… Lieber Kurt,
du gingst nun furt.
Hattest Messer tief im Herz,
glaubte erst, das wär ein Scherz.
War's nicht, wie wir alle wissen,
werden dich jetzt sehr vermissen.
Weinen um dich ziemlich feste
dein Freund Rudolpho und Trauergäste."

Sogar der Pfarrer muss nach diesem ergreifenden *Rudigramm* weinen.

Entsetzt schauen alle auf den 89500-Gramm-Rudolpho, der die Blätter langsam wieder zusammenknüllt und in seine Hosentasche steckt. Nun kommt die Stelle, an der im Jahre 1969 der Jagger-Mick die weißen Schmetterlinge freiließ. Dazu hat sich Rudolpho seine eigenen Gedanken gemacht. Er bückt sich, öffnet den Deckel seiner schwarzen Schuhschachtel und schüttelt sie kräftig. Nix passiert. Er schüttelt nochmals etwas fester und schaut enttäuscht in den Karton, bis ihm ein erstauntes „Nooo?“ entweicht.

Er rüttelt nochmals ungeduldig an der Schachtel, bis endlich eine weiße, mit seiner Schleuder selbst geschossene Taube in's Grab auf den hellbraunen Fichtensarg unter ihm klatscht. Eigentlich hat er geplant, dass sie noch lebt und nun fröhlich in den Himmel flattert. Leider hat sie es vorgezogen, das Zeitliche zu segnen.

Mit „Ähm, war eigendlich anders vorgeseh'n“ äußert sich Rudolpho etwas kleinlaut, als ihn alle entsetzt anstarren und er schulterzuckend versucht, den Vorfall zu entschuldigen:

„Gestern war das Viech noch lebendig.“

Rudolpho hat es geschafft. Nun haben alle, die um Kurtis Grab herumstehen, Tränen in den Augen.

Der Ablenkungsversuch

Dienstag, 10. Juli 2012 - 13:25 Uhr

Es dauert einige Tage, bis die Trauer bei den beiden Alten über den schrecklichen Tod ihres Freundes etwas nachlässt. Aber das Leben geht halt für sie weiter und Rudolpho möchte sich nun endlich wieder mit einer vernünftigen Tätigkeit ablenken. Nach tagelangem Überlegen fällt ihm nichts Besseres ein wie *Hundli ärgern*.

Also zieht er seine grüne, hautenge Sporthose, in der er aussieht, wie ein frisch geschlüpfter Laubfrosch, und sein gelbes Lieblings-T-Shirt mit der roten Aufschrift NOBODY IS PERFECT - BUT MY NAME IS NOBODY an.

Zu dem farblich fragwürdigen Aufzug passen noch seine hellblauen Sportschuhe mit den drei weißen Streifen. Kein Wunder, dass alle Hunde auf ihn losgehen. Seine Ausrüstung hat er teils in seiner Hosentasche, teils in einem kleinen violetten Täschchen, das er mittels eines lilafarbenen Stoffgürtels um den Bund seiner Hose an der Seite trägt. Er liebt diese Farbzusammenstellung, da er meint, dass man in seinem Alter nicht rechtzeitig genug von den Autofahrern gesehen werden kann, um nicht umgefahren zu werden. Margit dagegen schämt sich jedes Mal fürchterlich, wenn er sich so zusammenstellt, sagt aber schon lange nichts mehr dazu. Sie weiß, dass dies bei ihrem irren Aggressor sowieso keinen Wert hat.

Nach „So, jetzt fehlt nur noch das Wurschdbrodli“ schneidet er zwei Scheiben von dem altbackenen Bauernbrot ab, das Margit schon wegwerfen wollte. Er hat dies aber in letzter Sekunde verhindert, indem er sich protestierend in der Küche zwischen Mülleimer und Brotkorb wirft. Nun noch Bierschinken in die Mitte der beiden Brotscheiben, alles eingewickelt in Alufolie, und es kann losgehen.

Kaum ist er auf seiner Walkingstrecke, lässt ihn das Gefühl nicht los, dass er beobachtet wird. Er benötigt etwa fünfzehn Minuten im strammen Achtstundenkilometer-Walkingtempo, bis er an dem bekannten Zaun des Bauernhofes steht und etwas ratlos über den Zaun sieht.

„Aber wo ist denn jetzt das Hundli?“

Langsam packt er das Brot aus der Folie, in der Hoffnung dass das Hundli es erschnuppert und erscheint. Gerade als er zu rufen anfängt „Hundli, hab’ gutes Wurstli!“ bemerkt er das Erdloch unter dem Zaun. Er denkt sich noch: „Als wenn da einer durchgrabbeln gewolld hätt’.“

Zwei Sekunden später vernimmt er ein tiefes Knurren hinter sich. Erschrocken dreht er sich um und sieht die schwarze Bestie ein paar Meter vor ihm mit geducktem Kopf und gefletschtem Gebiss, sprungbereit, um ihn zu zerfleischen. Vor Schreck fällt ihm das Wurstbrot aus der Hand. Das Monster geht nun laut bellend auf Rudolpho los und setzt schon zum Sprung an.

Mit den Worten „Nimm das du Dreggstöle“ holt Rudolpho blitzschnell sein Pfefferspray aus der Tasche seiner giftgrünen Hose, drückt auf den Auslöser und sprüht einen scharfen Strahl in Richtung Hundli. Kurz bevor sich das Tier an seinem Arm festbeißen kann, trifft diesen die beißende Soße mitten auf den schwarzen Schädel und in die hasserfüllten Hundeaugen. So verfehlt das Hundli nur knapp sein Ziel. Lediglich ein weißer Fladen von dem stinkenden glibbrigen Speichel tropft auf Rudolphos entzückendes Gewand. Schrecklich jaulend rast das getroffene Geschöpf in Richtung Wäldchen ab, wo es Sekunden später mit dem Kopf gegen einen Baum schlägt. Rudolpho meint noch ein kurzes „Autsch“ gehört zu haben. Er rennt mit schlotternden Knien nach Hause.

„Was hätte da nicht alles passieren können, wenn ich das Spray nicht dabei gehabt hätte“, denkt er sich. Vor Aufregung und um das Ganze geistig zu verarbeiten schreibt er daheim am Computer wieder einen seiner sensationellen Reime:

Wenn dir einmal bissige Hünd[20]
so nahe auf den Fersen sünd,
dann zählt jeder Treffer
mit der Dose Pfeffer.
Ich werd jetzt nach Hause laufen
und mir 'ne neue Dose kaufen.
Und dass ich doppelt sicher bin,
lauf ich dort nie wieder hin!

---

[20] Hünd ist die fränkische Mehrzahl von Hund. Siehe auch den bekannten fränkischen Kriegsroman „Hündli verreggt'der denn nonet bald?" (Frei nach „Hunde, wollt ihr ewig leben?)"

Die Beobachtung

Dienstag, 10. Juli 2012 - 15:57 Uhr

Hauptkommissar Lange ist immer noch stinksauer, weil man ihn neulich während der spannendsten Minuten des Fußballspieles vom Fernseher daheim wegholte. Er ist bei den Kollegen dafür bekannt, dass er bei Vernehmungen schnell ausflippt und war deswegen sogar schon in psychiatrischer Behandlung, als er einmal ausrastete, einen zu Vernehmenden zu Boden warf und ihn verprügelte. Außerdem wächst ihm der ganze Mordfall langsam über den Kopf. Er wird jeden Tag nervöser, denn er findet weder einen Verdächtigen mit einem Motiv, noch hat er irgendeine Spur, der er hätte nachgehen können.

Das Einzige, was er hat, ist das Tatwerkzeug. Ein Messer, auf dem zwar eine DNA sichergestellt werden konnte, aber keinerlei Fingerabdrücke. Er ist total ratlos. Bei dem Ermordeten wurde nichts entwendet. Einen Raubmord schließt er deswegen aus. Aber auch ein Beziehungsmord kann es seiner Meinung nach nicht sein, da Kurt Wessel keine direkte Verwandtschaft hatte und von daher keine erkennbare Beziehung zu irgendjemandem.

Also kann seiner Meinung nach der Schlüssel nur bei diesem komischen Freund Rudolpho Schmitt liegen. Aber der Mörder kann er auch nicht sein, da die DNA an der Mordwaffe nicht mit der von diesem Rudolpho übereinstimmt. Trotz allem entschließt sich Lange vorsichtshalber, diesen seltsamen alten Mann rund um die Uhr überwachen zu lassen. Er wundert sich, dass sich seine junge Assistentin erst so spät per Handy meldet und ist deswegen ziemlich ungehalten.

„Ja sagen Sie mal Hartmännchen, ich warte schon stundenlang auf Ihren Bericht, was ist denn los?“

Aufgebracht berichtet sie:

„Hauptkommissar Lange, ich glaube, unser Verdächtiger ist ein Irrer. Erst verlässt er sein Haus in so einer Art, wie soll ich's beschreiben, naja, in so einer Art kunterbuntem Faschingskostümchen und rennt damit in Richtung Aussiedlerhof West. Dort bleibt er stehen und wickelt aus einer Alufolie etwas wie ein belegtes Brot, das er aus der Hosentasche zieht. Dann redet er mit einem schwarzen bissigen Hund, der hinter ihm steht. Als der ihn anspringen will, zieht er eine Sprühdose aus dem Gürtelbeutel, sprüht damit auf den Hund und rennt anschließend davon.

„Sie sind ihm hoffentlich gefolgt?"

„Konnte ich leider nicht. Als der verschreckte Hund jaulend auf mich zugerast kam, musste ich mich schnell auf einen Baum retten. Es dauerte über eine Stunde, bis der Hundehalter das Tier endlich einfangen und ich runter klettern konnte."

„Und warum haben Sie mich nicht sofort verständigt?"

Sie wird etwas verlegen weil sie zugeben muss, dass ihr das Handy aus der Tasche fiel, bevor sie so hastig den rettenden Baumwipfel erklommen hat.

„Ich stehe aber schon wieder schräg gegenüber der Wohnung des zu Observierenden und beobachte ihn weiter", ergänzt sie etwas kleinlaut.

„In Ordnung, lassen Sie den alten Knaben nicht aus dem Auge und berichten Sie mir sofort, wenn er sich auffällig verhält."

Sie will schon auflegen, da ruft er noch hinterher:

„Haaaalt, da fällt mir etwas ein. Sie erinnern sich doch noch an das Foto, das wir in der Wohnung unter dem Tisch des Ermordeten gefunden haben und wir die Personen darauf nicht dem Opfer zuordnen konnten. Fahren Sie auf's Präsidium, schnappen sich das Bild von der Pinnwand und fragen Sie mal den verrückten Alten und seine Frau, ob sie die Leute darauf kennen."

„Kommen Sie nicht, Chef?"

Er hat schon wieder eine seiner nervösen Zuckungen und will sich heute Abend endlich einmal von diesem blöden Fall erholen. Deswegen lügt er:

„Ich kann leider nicht, meine Frau ist krank. Sie liegt im Bett und ich muss heute Abend bei ihr bleiben."

Da er sein Handy daraufhin sofort abschaltet hört er nicht, wie sie flucht:

„Mist, schon wieder die Arschkarte gezogen!"

Der Schuss

Dienstag, 10. Juli 2012 - 16:33 Uhr

Nachdem sie das Foto im Präsidium in ihre Jackentasche eingesteckt hat, macht sich die Kriminalassistentin auf den Weg zum Haus des alten Ehepaares. An der Haustüre vernimmt sie laute Rockmusik.

„AC/DC?“, murmelt sie verwundert und drückt auf den Klingelknopf, der auf der großen ovalen Messingplatte mittig sitzt. Sie hört leise, wie zusätzlich zu diesem Rockklassiker der Radetzky-Marsch ertönt. Es öffnet niemand, daher klingelt sie nochmals. Wieder dieser Radetzky-Marsch.

„Aber hallo, die Fassung vom AC/DC-Song kenn ich ja noch gar nicht“, grübelt sie.

Nach etwa fünf Sekunden öffnet sich die Tür. Sie erschrickt fürchterlich. Weniger wegen der knallharten lauten Musik, als Bon Scott gerade *Highway to hell* trällert. Geschockt ist sie von der Gestalt, die vor ihr steht. Ein grauhaariger alter Mann in einer rosa Kochschürze, darüber eine Art weiße Schärpe mit blauen Rüschchen, verziert mit der Aufschrift *Queen of the Kitchen*. Er hält ein langes Küchenmesser in der Hand und trägt eine blauumrandete ovale Taucherbrille, durch die er näselt:

„No bidde, wer stöhrd?“

Sie ist einen kurzen Moment sehr verwirrt, fasst sich aber nach ein paar Sekunden und schreit, um die Musik zu übertönen:

„Kriminalassistentin Hartmann, ich hätte da noch ein paar Fragen zu dem Fall Kurt Wessel.“

Rudolpho schreit zurück:

„Ich kenn Sie doch, und schrei‘n Sie ned so furchtbar, sonst meinen die Leude ich bin so alt und brauch ein Hörgerät. Jetzt kommen’S schon endlich rein. Meine Frau müsste auch bald vom Einkaufen heimkommen.“

Etwas zögerlich folgt sie ihm in das Wohnzimmer. Er zeigt mit dem Messer zum Sofa. Sie setzt sich und legt vorsichtshalber ihre rechte Hand auf ihre Dienstwaffe. Rudolpho dreht die Musik leiser und nimmt die Taucherbrille ab.

„Ich schneide g‘rad die Zwiebeln für mein Rudolphos-Spezial-Babrika-Gulasch zum Abendessen“, entschuldigt er sich.

„Ach so, deswegen die Taucherbrille“, kombiniert sie.

„Klingeln Sie scho‘ lang?“

„Nein, nur zwei Mal. Ich muss Sie noch etwas Wichtiges fragen.“

Etwas mürrisch entgegnet Rudolpho:

„Hab‘ ich mir fast schon ‚dacht. Ich kann mich nämlich ned erinnern, dass ich Sie zum Kaffee einglad‘n hab’.“

Das meint er zwar scherzhaft, bemerkt aber sofort, dass sie es falsch aufnimmt und ergänzt:

„War ein Witzle, nadürlich mach’ ich Ihnen einen Kaffee, möchten Sie einen?“

Sie antwortet, als ahnt sie, welche Jauche sie erwartet:

„Nein danke, machen Sie sich keine Mühe. Aber dürfte ich kurz mal Ihre Toilette benutzen?“

Nach der Aufregung braucht sie ein paar Minuten Entspannung.

„Aber nadürlich. Laufen’s den Flur raus und nächste Tür links, Sie werden unser Gästeklo wahrscheinlich ned verfehl’n“, erwidert Rudolpho grinsend. „Ich mach’ unterdessen den Garibaldi ferdich.“

„Wen machen Sie fertig?“

„Na den Schnellkochdopf mit dem Gulasch.“

„Ach so. Na, dann geh‘ ich mal.“

Sie läuft aus dem Wohnzimmer und erkennt die unübersehbare Türe, auf der in bunter LED-Leuchtschrift RUDIKLO - GÄSTE-ERLEBNIS-WC zu lesen ist.

Sie will gerade die Türklinke anfassen, da springt die Türe von selber auf und eine tiefe Stimme aus einem Lautsprecher blöckt:

„Herzlich Willkommen in Rudolphos und Margits Erlebnis-Verrichtung."

Langsam tritt sie ein, da knallt die Türe auch schon wieder automatisch zu. Auf der kleinen Ablage steht ein rotes Designertelefon in Form eines pinkelnden Dackels. Nebendran an der Wand hängt ein riesiger sechzig Zoll TV-Bildschirm und darunter jede Menge Geräte, deren Sinn sie nicht erkennen kann. Sie steht staunend mit offenem Mund da, als erneut die Stimme aus dem Lautsprecher ertönt. Zeitgleich schiebt sich eine Tastatur, ähnlich einer Fernbedienung, vor ihr aus der Wand.

„Wählen Sie nun als erstes ihre Lieblingsmusikuntermalung. Wir empfehlen folgende Titel: wenn Sie nun auf Taste Eins drücken, hören Sie den Radetzky-Marsch. Drücken Sie auf die Taste Zwei, dann hören Sie Blasmusik von der Heidingsfelder Blechhalde. Drücken Sie die Drei für eine Death-Metal-Band. Wenn Sie lieber Sphärenklänge, einen Wasserfall oder Vogelgezwitscher hören möchten, drücken Sie die Vier. Wollen Sie sich überraschen lassen, drücken Sie die Fünf."

Nach einer kurzen Pause, in der nichts geschieht:

„Drücken Sie gefälligst jetzt!", fordert die Stimme sodann ungehalten. Verstört drückt sie die Fünf.

„Nun wählen Sie bitte die Raumbelüftung", schnarrt es weiter aus dem Lautsprecher.

„Für schwache Belüftung drücken Sie bitte die Sechs, für mittelstarke Belüftung drücken Sie bitte die Sieben, möchten Sie den Raum stark belüften, drücken Sie bitte die Acht. Noch ein Hinweis! Bei starker Belüftung bitte das Haarteil festhalten. Drücken Sie jetzt!"

Die verschreckte Frau wählt vorsichtshalber die Sieben und will gerade ihre Hose öffnen, da schnarrt die Stimme weiter:

„Geben Sie nun bitte ihren Beleuchtungswunsch ein. Wollen Sie den Raum mit angenehmem Warmtonlicht fluten, drücken Sie bitte die Neun. Möchten Sie einen spektakulären Farbwechsel erleben, dann drücken Sie bitte die Zehn, wenn Sie lieber Discolichteffekte mit Nebelmaschine wollen, drücken Sie die Elf."

Mit zittrigen Fingern drückt sie auf die Neun. Der Raum wird schlagartig in gleißend helles Licht getaucht. Aus dem Lautsprecher ertönt Schweinegrunzen. Der Raumluftventilator über ihrem Kopf verwirbelt ihre Haare. Die Lautsprecherstimme ertönt wiederum:

„Ich wünsche Ihnen eine gute Verrichtung."

„Also, wenn es nicht so dringend wäre…", denkt sich Frau Hartmann.

Kaum ist sie fertig, hört sie schon wieder diese Stimme:

„Wählen Sie nun ihre Lieblingspapiersorte. Drücken Sie auf die Zwölf für die Sorte rosa butterweich. Drücken Sie auf die Dreizehn für lila Normalgesäß. Drücken Sie auf die Vierzehn für blau raspelhart. Drücken Sie jetzt!"

Sie flucht:

„Langsam kann er mich mal", und drückt die Dreizehn. Sofort fällt eine lila Papierrolle von oben auf ihren Kopf und sie hört das Blubbern der automatischen Spülung.

Nun möchte sie fluchtartig den Raum verlassen. Bevor sie die Türklinke mit der Hand anfasst, hört sie wieder diese unangenehme Stimme.

„Sie Dreckpambel haben noch nicht ihre Pfoten gewaschen. Ich weise höflichst darauf hin, dass die Ausgangstüre erst nach gründlichem Reinigungsvorgang Ihrer Flossen geöffnet wird."

Noch bevor sie ihre Hände in das inzwischen beleuchtete Waschbecken strecken kann, spritzt ein heißer Wasserstrahl auf ihre Hände, ihre Hose und ihre Bluse.

„So eine Schweinerei“, murrt sie ärgerlich, bevor die Stimme befiehlt:

„Nun halten Sie ihre gesäuberten Gichtkrallen unter den Luftstrom.“

Genervt folgt sie der Anweisung. Sie will nur so schnell wie möglich raus.

„Wenn Sie nun nachsprechen ‘WC, öffne dich‘ dann geht die Türe auf.“

Aus Wut greift sie in die Glasschale an der Spiegelablage und steckt sich ein paar Päckchen von dieser Luxusgästeseife in die Hosentasche. Wütend geifert sie:

„WC, du versifftes Arschloch, öffne dich.“

Das hätte sie lieber nicht tun sollen. Die Türe macht keinen Mucks. Entnervt trommelt sie mit beiden Fäusten dagegen und plärrt:

„Du verdammtes Mistviech, geh endlich auf, oder ich schieße dir in dein scheiß Schloss.“

Sie will gerade ihre Dienstwaffe ziehen, da öffnet sich die Türe schlagartig - voll auf ihre Nase. Etwas angeschlagen verlässt sie taumelnd das WC, wobei ihr die Stimme aus dem Lautsprecher nachruft:

„Ich danke für Ihren Besuch in Rudolphos und Margits Erlebnis-WC und hoffe, Sie hatten eine erfolgreiche Verrichtung.“

Wütend schlägt sie mit dem Fuß gegen die inzwischen wieder geschlossene Türe. Da legt die Stimme nach:

„Außerdem weise ich Sie darauf hin, dass diese Erlebnistoilette aus Sicherheitsgründen vierundzwanzig Stunden am Tag videoüberwacht wird!“

Frau Hartmann schleicht sich kopfschüttelnd zurück in’s Wohnzimmer, während sie ihre schmerzende Nase hält. Rudolpho kommt daraufhin auch aus seiner Küche und hängt seine edle

Küchenschürze über die Couch, bevor er ihr gegenüber auf den Sessel plumpst.

„Gell, des ham's wahrscheinlich gemerkt, im Abord muss man noch ein paar Feinjustierungen vornehmen! Aber Sie wollten doch was von mir, schießen‘S los."

Sie zieht ein etwas durchnässtes Foto aus ihrer Hosentasche, tupft es an ihrem Ärmel trocken und gibt es ihm in die Hand.

„Bitte sagen Sie mir, ob Sie die Personen auf dem Bild erkennen."

„Er schaut lange auf das Papier, verzieht dabei keine Miene und fragt nach einer Weile erstaunt:

„Woher haben Sie das Bildle?"

„Ist für Sie erst einmal unwichtig. Beantworten Sie mir bitte nur meine Frage. Erkennen Sie die Personen?"

„Nadürlich", murmelt er mit nachdenklicher Miene.

„Eine Berson kenn‘ ich genau."

„Lassen Sie sich doch nicht alles aus der Nase ziehen! Wen erkennen Sie denn nun?"

„Na, wer der Mann auf dem Foto ist, das weiß ich."

Er stiert immer noch gedankenversunken auf das Bild. Die junge Frau wird zunehmend nervöser und steht kurz davor ihre Nerven zu verlieren. Plötzlich ertönt der Radetzky-Marsch. Er legt das Foto auf den Tisch und steht auf.

„Meine Frau hat in ihrer riesigen Einkaufstasche sicherlich wieder ihren Hausdürschlüssel vergraben. Einen Moment bitte."

Während er Richtung Türe geht, schaut sie sich im Wohnzimmer um. Ihr Blick bleibt an einem Foto in einem silbernen Bilderrahmen haften, das neben dem riesigen Flachbildfernseher steht. Der Mann auf dem Foto in dem Rahmen sieht dem Mann auf dem gezeigten Bild sehr ähnlich. Nur ein wenig jünger. Sie steht auf, geht darauf zu und vergleicht das mitgebrachte Foto mit dem gerahmten.

Sie will sich gerade mit dem Bild in der Hand auf die Couch setzen, da hört sie ein paar undefinierbare Laute aus dem Flur. Sie dreht sich um und sieht, wie ein schwarzhaariger Typ den Alten vor sich herschiebt und ihn mit einem Messer an der Kehle bedroht. Die Klinge ist bei Rudolpho schon in die Haut eingedrungen. Blut läuft aus der Wunde langsam seinen Hals herunter. Der dunkle Typ ist sehr erstaunt, als er die junge Frau im Wohnzimmer sieht und mault:

„Scheiße, was hascht du da für 'ne junge Schlampe?"

Sofort will sie nach der Waffe greifen. Der Schwarzhaarige bemerkt dies und brüllt:

„Waffe langsam auf Tisch, sonst ischt Mann jetzt tot!"

Zitternd nimmt die Frau die Pistole aus der Halterung und legt sie auf den Tisch.

„So, nun beide setzen!", befiehlt er, nachdem er die Waffe an sich genommen und den Alten neben die Polizistin auf die Couch geschubst hat. Mit ihrer Waffe hält er die beiden in Schach, während er sämtliche Leitungen vom Fernseher und Recorder heraus reißt. Dann befiehlt er der Frau, Rudolphos Hände mit einer Leitung im Rücken festzubinden. Sie will Zeit schinden und versucht, ihn auszufragen.

„Was soll das? Wer sind Sie und was wollen Sie?"

Er dreht die Pistole um und schlägt ihr mit dem Griff an die Schläfe. Rudolpho schaut entsetzt mit an, wie die junge Frau ohnmächtig auf ihrem Sitz nach hinten fällt. Vor Angst bleibt ihm der Schrei im Hals stecken. Der Bärtige dreht die Pistole herum, entsichert sie und richtet den Lauf etwa dreißig Zentimeter entfernt auf Rudolphos Kopf.

„So, du Scheißkerl, hast wohl dacht, du und deine Schlampe könntet misch alle maschen. Wo steckt dieses Mischtstück überhaupt?"

„Ist mal eben die GSG9 holen", knurrt Rudolpho.

„Na, dann werde isch erst einmal disch langsam totschießen, erst in Füße, dann in Eier und dann mitten in Herz. Danach kümmere isch misch um dein Miststück. Aber alles ganz langsam. Ihr sollt mäschtisch leiden!“

Er richtet die Pistole auf Rudolphos Füße und drückt ab. Noch bevor es laut knallt, zieht der Alte blitzschnell sein linkes Knie nach oben und trifft damit genau zwischen die Beine auf die empfindlichste Stelle des Angreifers. Der Schuss trifft deswegen nur Rudolphos linke Schuhspitze. Der Schwarzhaarige zuckt zusammen, schreit kurz auf und krümmt sich. Dabei hält er die Waffe weiterhin auf Rudolpho gerichtet und macht Anstalten, den Rest des Magazins in dessen Kopf reinzuballern.

Rudolpho schließt vor Angst seine Augen. Ein lauter Knall und einen dumpfer Aufprall eines Körpers auf den Wohnzimmerboden.

„Wunderbar“, denkt Rudolpho, „ist ja gar ned so schlimm, dod zu sein.“

Außer dem geringfügigen Schmerz an seinem Zehenstreifschuss tut ihm nichts weh und so denkt er:

„Unheimlich int‘ressant, so isses also, wenn man dod ist.“

Er schaut auf den Boden und kann es nicht glauben was er sieht. Er reibt seine Augen. Er reibt nochmals seine Augen. Quer vor seinen Füßen liegt leblos der Angreifer.

Sein erster Gedanke ist: „Hat sich das Rindviech jetzt selber erschossen?“

Dann bemerkt er an der Wohnzimmertüre seinen Schutzengel, ein bekanntes Gesicht mit einer Pistole in der Hand. Kriminalhauptkommissar Lange. Hinter ihm steht eine ebenso bekannte weibliche Gestalt mit einer großen dunkelgrünen Einkaufstasche in ihrer zitternden Hand. Seine geliebte Frau Margit. Sofort humpelt er auf sie zu, umarmt sie und küsst sie auf die Wangen und auf den Mund. Dann mault er sie an:

„Zitter ned so mit deiner Tasche, sonst wird die Milch d‘rin zu Butter.“

Jochen Lange läuft inzwischen zur Couch zu seiner Kollegin, die allmählich wieder zu sich kommt. Sie ist noch etwas benommen, als sie sagt:

„Bin ich jetzt im Himmel und wieso sieht Petrus so aus wie mein Chef?“

„Nee Mädchen, im Himmel bist du noch lange nicht!“

„Nicht im Himmel? Warum habe ich dann die Engel singen hören?“

Rudolpho setzt seinen Hundeblick auf.

„Ich war’s ned… ich kann nämlich ned singen!“

Lange ist froh, dass seine Kollegin ansprechbar ist und ruft mit seinem Handy sofort den Rettungsdienst und alle anderen erforderlichen Helferlein. Als er das Telefon zurück in seine Jackentasche schiebt, bemerkt er mit Blick zu den beiden Alten, die sich immer noch feste umarmen:

„Na, ich glaube, da gibt es noch Einiges, was Sie beide uns erklären müssen. Kommen Sie bitte zusammen morgen Vormittag um zehn Uhr zu mir in’s Kommissariat.“

Rudolpho:

„Wie der Herr Hauptschutzengel befehlen!“

Die Vernehmung

Mittwoch, 11. Juli 2012 - 10:31 Uhr

Am nächsten Morgen erklärt der Hauptkommissar den beiden:

„Normalerweise verhöre ich jede Person einzeln, aber in Ihrem Fall glaube ich, dass es schneller geht und effektiver ist, Sie beide gleichzeitig in diesem Raum zu haben."

Der Raum ist nüchtern wie eine Schlachtbank. Drei kahle Metallstühle, ein hellbrauner Holztisch, auf dem ein Mikrophon steht. Eine Fotografie liegt auf dem Tisch und zwei Kameras sind an der Zimmerdecke angebracht. Ein großer Spiegel, wie man ihn aus den Krimis im Fernsehen kennt. Die Wände sind weiß getüncht. An der Decke eine rechteckige Leuchte, die kaltes Leuchtstofflampenlicht im Raum verbreitet. Mehr ist da nicht.

„Außerdem", ergänzt Hauptkommissar Lange mit verständnisvollem Ton in seiner Stimme, „außerdem glaube ich, dass es in Ihrem Alter angebracht ist, dass Sie ihren Lebenspartner bei so einer Befragung zur Seite haben."

„Hö Hö!", beschwert sich Rudolph sichtlich erregt, „was heißt da in Ihr'm Alder? Ist denn jeder Mensch für Sie über sechzig gleich ein alder Daddergreis?"

„Nein, so habe ich es nicht gemeint, aber kommen wir nun zur Sache!"

Er rückt das Mikrophon zurecht, klopft, warum auch immer, mit dem rechten Zeigefinger auf den Metallkorb, und drückt auf den Schalter an der Oberseite des grauen Plastikgehäuses. Als hätte er es auswendig gelernt, spricht er mit gesenktem Kopf in das Mikrofon:

„Es ist Mittwoch, der 10. Oktober 2012, 10 Uhr und 33 Minuten. Hauptkommissar Jochen Lange. Zur heutigen Vernehmung wegen des Mordfalles Kurt Wessel und dem Vorfall Hassan

Halil Dawud sind erschienen die Eheleute Margit und Rudolpho Schmitt…"

Drei monotone Einleitungssätze weiter ist Rudolpho vor Müdigkeit eingenickt und fängt an zu schnarchen. Margit stößt ihm mit dem rechten Ellenbogen in die Seite, wodurch er mit einem kurzen Räusperer seine Augen aufreißt. Es fällt ihm schwer, bei den Fragen des Hauptkommissars wach zu bleiben.

„Was bitte haben Sie, zwei bisher fast unbescholtene Bürger dieser Stadt, mit diesem Herrn Hassan Halil Dawud zu tun?"

„Wer bidde ist Hallali der Hut?", fragt Rudolpho mit einer Unschuldsmiene. Margit mischt sich ebenfalls ein:

„Hut, Hut, Hut? Hab' ich ja noch nie gehört! Ist das vielleicht der Hut, der im Akkord diese Würzburger Schoppenfetzer-Romane schreibt?"

„Nee, des ist bestimmt der mit den Pizzas!", bemerkt Rudolpho. Der Hauptkommissar gibt sich außerordentlich Mühe, nicht die Fassung zu verlieren.

„Nein, das ist natürlich der Mann, der Sie gestern überfallen hat."

Entsetzt geifert Margit ihn an:

„Das finden Sie also natürlich?"

Und Rudolpho mault:

„Ich weiß doch auch ned, was der Kerl von mir gewollt hat und kennen tu' ich so einen Typ auch ned. Oder kennst du den mein Schädzle?", lügt Rudolpho, ohne rot zu werden. Margit schaut ihn dabei von der Seite an, schüttelt den Kopf und schnaubt ärgerlich:

„Nein… natürlich nicht mein Liebling, die Idioten, die ich kenne, reichen mir!"

„Wie erklären Sie sich dann, dass innerhalb von ein paar Tagen zuerst ihr Nachbar und Freund Kurt Wessel und dann Sie von dem selben Täter ohne ersichtlichen Grund überfallen worden sind?“

„Was?“ bemerkt Rudolpho erstaunt. „Vom selben Däder, lächerlich, woher woll’n Sie das denn wiss’n? Vielleicht hat er Pornos klauen woll’n?“

Der Kommissar wird ungehalten. Er nimmt an, dass man seine Fähigkeiten anzweifelt. Ziemlich erregt und im lauten Ton lässt er sich zu der Bemerkung hinreißen:

„Weil die DNA des Täters mit dem auf dem Messer in Herrn Wessels Brust übereinstimmt. Das teilte mir unser Labor vorhin mit! Was sagen Sie nun, Herr Klugscheißer?“

„Na ich sag nur, mords dolle Arbeit, Mister Hauptkommissario!“, lobt Rudolpho in lächerlichem Tonfall.

Der Kommissar findet das nicht lustig und sein hochroter Kopf scheint vor Wut gleich in tausende winzige Stücke zu zerplatzen.

„Ich kann auch anders, wenn Sie mir nicht endlich sagen, was Sie mit diesem Gewaltverbrecher zu tun haben. Wenn Sie mir nicht augenblicklich verraten, was Sie wissen, dann lasse ich Sie beide ein paar Tage in der Zelle schmoren!“

Rudolpho ahnt, dass er dies so einfach gar nicht darf und seine Kompetenzen mit dieser Aussage weit überschreitet. Deshalb antwortet er ganz ruhig:

„Prima, dort gibt’s sicherlich auch einen Flachbildfernseher, dann kann ich nämlich mit der Margid zusammen ihre Lieblingssendung anschau‘n.“

Und Margit ergänzt noch:

„Au ja, fein, die Serie mit dem Fürstenhof *Sturm der Liebe*!“

„Ruuuuhheeeeeeeeee!“, plärrt der Hauptkommissar die beiden mit hochrotem Kopf an.

Die zucken kurz zusammen. Mit entrüstetem Gesichtsausdruck fragt Margit:

„Haben Sie vielleicht etwas gegen diese Super-Serie?“

Und Rudolpho ergänzt:
„Sie da auf den billigen Plätzen, wenn Sie nochmal meine Frau so anbrüll'n, dann geh ich zur Bollizei und zeig Sie an, oder besser noch, ich polier Ihnen Ihre vorlaute Fresse."
Margit ergänzt:
„Und Sie haben meinen Mann auch nicht so anzubrüllen, auch wenn er ein irrer Psycho ist. Seien Sie gefälligst etwas vorsichtiger in Ihrer Wortwahl."
Rudolpho geifert weiter:
„Sie haben mich noch ned erlebt, wenn ich wütend wird'. Wissen Sie überhaubt, dass ich eine Steinschleuder hab'?"

Kommissar Lange kommt nicht mehr zu Wort. Jedes Mal, wenn er ansetzt, spricht ein anderer der beiden dazwischen. So etwas hat er im Laufe seiner dreißigjährigen Dienstzeit noch nicht erlebt. Auf seiner runzeligen Gesichtshaut sammeln sich fette Schweißperlen. Oder sind es doch Tränen? Als sich Rudolpho dann auch noch in einem ganz ruhigen, fast väterlich klingendem Ton erlaubt zu sagen „Also Herr Hauptjägermeister, ich glaub, Sie haben den Fall ned so richdig im Griff und ich weiß zwar ned genau, wie wir Ihnen helfen könnten, aber ich an Ihrer Stelle tät ganz anders an den Fall rangehn, ich tät zum Beischbiel…" versagen die Nerven des Kommissars komplett ihren Dienst.

Er trompetet wie ein Elefant und hämmert dabei mit beiden Fäusten auf den Tisch. Dann wirft er das Mikrophon gegen die Spiegelscheibe, durch den die Kollegen den Raum und den Vorgang beobachten. An der Scheibe bildet sich ein langer Riss.

„Scheiße, Mist, ihr verfluchten Arschlöcher, haltet gefälligst sofort eure verfluchte Fresse", kreischt er laut und fuchtelt wild mit den Armen in der Luft umher.

„Scheiß Job, schafft mir diese zwei idiotischen Alten endlich fort, sonst schlage ich denen die Fresse ein!"

Er macht einen Schritt auf Rudolpho zu, um auf ihn einzuprügeln. Da öffnet sich mit einem lauten Knall die Türe und zwei Kollegen in Uniform zerren den tobenden und wild um sich schlagenden Beamten aus dem Raum.

Rudolpho und Margit schauen sich an und grinsen über alle vier Backen wie zwei Lottohauptgewinner. Sie heben den rechten Arm und schlagen sich dabei in die Hände. So, wie zwei Fußballer nach einem gemeinsam vollbrachten Torschuss.

„Perfekt“, bemerkt Rudolpho und Margit lobt ihn seit mindestens zehn Jahren endlich wieder einmal.

„Da hattest du endlich wieder einmal einen guten Plan.“

Rudolpho lächelt, kratzt sich am Hirn und denkt:

„Welcher Blan?“

Nach einer Weile wird das Geschrei immer leiser. Wegen dem Durcheinander will sich scheinbar keiner sich mehr um sie kümmern. Rudolpho meint:

„Komm, jetzt wird’s Zeit, ich hab’ gestern einen Sauerbraten eingelegt, den machen wir uns nachher.“

„Ja mein Schatz“, stimmt sie ihm bei, „nach dem dummen Gelaber habe ich auch einen Riesenhunger bekommen. Worauf wartest du, geh‘n wir.“

Kein Mensch hält sie auf, als sie das Gebäude verlassen, sich beim Pförtner artig mit „Mahlzeit“ verabschieden und zusammen händchenhaltend den Heimweg antreten. Daheim angekommen köpfen sie ihren Lieblings-Bocksbeutel *Randersackerer Ewig Leben - Bacchus* und stoßen auf ihren Erfolg an.

Erfolg? Naja, sie hatte ihm gestern Abend noch geraten, einen Plan für die Vernehmung auszuarbeiten und glaubte, bevor sie zur Vernehmung gehen, dass er bei seiner Kreativität einen tausend prozentigen Plan hat. Rudolpho wollte sie aber zu diesem Zeitpunkt nicht beunruhigen und verschwieg ihr deswegen, dass ihm diesmal nichts eingefallen war. Trotzdem lässt er sie in dem

Glauben, dass der Ablauf des Gespräches so von ihm vorbereitet war.

Jedenfalls bereiten sie nun zusammen den besten fränkischen Sauerbraten zu, der jemals in Hätzfeld gekocht wurde. Ach ja, und sie schauen nachmittags das erste Mal in ihrem Leben diese komische Seifenoper mit diesem Hotel an und amüsieren sich dabei köstlich über diese dummen Saalfelds, Sonnenbichlers und den Kommissar Meißer. Wobei sie beide an den armen Hauptkommissar Jochen Lange denken und auf sein Wohl anstoßen. Der wahrscheinlich jetzt zusammen mit einer Hundehalterin auf einem Laptop der Heimleitung herum hoppst. Am Abend wird Margit sehr nachdenklich und meint:

„Morgen, wenn ich wieder nüchtern bin, muss ich dir noch etwas Schlimmes erzählen."

Doch in seinem Suff nimmt Rudolpho diese Worte gar nicht richtig wahr. Auch, weil er heute fröhlich sein will, überhört er es. Sie feiern, bis sie abends nach dem Genuss des Inhaltes der drei bauchigen Flaschen todmüde in's Bett fallen.

Der Bericht

Montag, 16. Juli 2012 - 08:32 Uhr

Bevor sie ihre allmorgendliche Plörre kochen, schlägt Rudolpho den Lokalteil der Zeitung auf. Dort entdeckt er in fetten Lettern eine interessante Überschrift.

„He Margid, du wirst ned glaub'n, was da in der Mee-Bost steht!"

„Was denn?"

„Jetzt komm schon und schau dir's an!"

Sie stellt sich hinter den Küchenstuhl, auf dem er sitzt, um mit ihm gemeinsam die Nachricht zu lesen:

„Würzburger Hauptkommissar in Nervenheilanstalt eingeliefert." Im Text weiter unten steht: „Aus noch unbekannter Ursache schlug ein Hauptkommissar der lokalen Kriminalpolizeidienststelle nach einer Zeugenvernehmung plötzlich wild um sich und musste daraufhin in die geschlossene Abteilung der hiesigen Nervenheilanstalt eingeliefert werden."

Obwohl sie beide schreckliche Kopfschmerzen haben und ihnen kotzübel ist, müssen sie laut loslachen.

„Schau mer mal, ob mir nochmal zu so einer Vernehmung müss'n. Aber ich glaub, dass uns dort keiner mehr seh'n will, wech'n gestern."

Kaum hat er ausgesprochen, klingelt das Telefon. Rudolpho meldet sich:

„Griminalbolizei, Abdeilung Drogenberadung, Rudolpho Schmidd, was kann ich für Sie dun?"

Die Anruferin wirkt verstört:

„Ähhh… äähhh… Herr Schmitt, sind Sie es?"

„Wer fragt?"

„Hier Kriminalassistentin Hartmann, ich soll nun im Fall Kurt Wessel und diesem Hassan… ähh Dingsbums weiterermitteln, da mein Chef plötzlich und unerwartet krank geworden ist. Darf ich Sie deswegen noch einmal etwas fragen?“

Erstaunt fragt Rudolpho nach:

„Wie geht‘s Ihnen überhaupt, ich dachte, Sie sind nach dem Bums von dem Hut-Dingsda vorgestern im Krankenhaus und kurier’n sich aus?“

„Danke für Ihre Nachfrage, aber mir geht es schon wieder einigermaßen. Ich wurde vorzeitig aus der Klinik entlassen, da ich die Einzige bin, die den Fall schnellstmöglichst abschließen kann. Dazu ist aber noch eine wichtige Frage offen.“

„Das freut mich nadürlich arg, dass es Ihnen wieder besser geht, aber machen Sie’s bidde kurz, ich hab’ Kopfweh. Oder soll ich mit meiner Frau heut‘ Nachmittag noch mal im Kommissariat vorbei schau‘n?“

Sie unterbricht ihn außerordentlich hastig:

„Nein, nein, das ist wirklich nicht notwendig!“

Sie will auf keinen Fall das gleiche Schicksal erleiden wie ihr Chef.

„Ich wurde nur beauftragt, schleunigst den Abschlussbericht zu schreiben und die Presse zu informieren.“

„Mädle, jetzt komm schon endlich zum Punkd.“

Sie druckst herum:

„Jaaa… äähh… um auf den Punkt zu kommen, Sie haben uns immer noch nicht gesagt, wen Sie auf dem äääähhh… besagten Foto erkannt haben, das ich Ihnen gezeigt habe, bevor ääähhh… dieser Herr Hassan ääähhh… Dingsbums uns überfiel!“

Rudolpho überlegt kurz, bevor er antwortet:

„Ich hab’ mich wahrscheinlich geirrt, aber ich komm‘ gern nochmal zu Ihnen und schau mir’s Bildle nochmal an“, wiederholt Rudolpho sein Angebot.

Margit rutscht aufgeregt auf ihrem Stuhl hin und her, als er das Wort *Bildle* ausspricht. Auch Frau Hartmann reagiert hörbar nervös.

„N... nein, bi… bitte nicht, wie gesagt, das ist nicht notwendig. Wenn Sie mir das so am Telefon sagen reicht es. Dann schreibe ich es auch so in meinen Bericht.“

„Also gut Frau Hartmud.“

„Hartmann“, verbessert sie ihn.

„Auch gud, dann bleiben Sie hart Mann. Meine Frau und ich wünsch’n Ihnen weiterhin viel Glück und Spaß beim Aufklär’n und beim Berichteschreiben.“

Er legt den Hörer auf. Margit schaut ihn eine Weile mit hochrotem Kopf an. Ihr rechtes Augenlid beginnt nervös zu zucken. Dann hält sie es nicht mehr aus. Sie muss es ihm endlich sagen.

„Du Rudolpho, jetzt setze dich erst einmal hin, ich muss dir nun endlich etwas mitteilen. Dabei habe ich nur so furchtbare Angst um mich und um unser Mobiliar.“

Das Geständnis

„Du kannst losleg'n, ich hab' meine Steinschleuder nicht da", sagt er, lächelt sie dabei kurz an und setzt sich auf den Küchenstuhl gegenüber.

„Naja, die Sache ist die... ähh", stammelt sie.

„Nu' mach' schon, sonst hol' ich doch die Steinschleuder", scherzt er.

„Naja, die Sache ist die", wiederholt sie zaghaft, „vor ein paar Tagen kam ein Brief, dass unser Sohn bald heiraten wird. In Amerika."

„Is' ja doll, dass ich des jetzt auch schon erfahre und warum hasd du mir den Brief ned gezeigt?"

„Lass es mich in Ruhe erklären, es fällt mir sowieso schon so unheimlich schwer."

Sie will es ihm so schonend wie möglich beibringen.

„Ich wollte erst seinem Vater bescheid geben!"

Rudolpho kratzt sich die Stirn.

„Wie meinst denn das jetzt, du wolltest mir erst bescheid geb'n?"

„Nein", sagt sie, „ich meine dem richtigen Vater."

Rudolphos Kopfschmerzen verschlimmern sich augenblicklich und in seinem Hirn bricht ein Vulkan aus.

„Du ... du ... willst mir also allen Ernstes damit sagen, dass ich ned der Vadder vom Alexander bin?"

„Genau das wollte ich dir beichten."

Jetzt braucht er einen kräftigen Schluck von dieser braunen Mistbrühe, den sie Kaffee nennen. Er trinkt ihn hastig leer und schleudert voller Zorn den Kaffeebecher an den Küchenschrank. Die Tasse zersplittert in tausend Teile, die klirrend auf den Boden fallen. Im Lack der weißen Schranktüre klafft eine hässliche Schramme.

„Genau vor diesem Wutausbruch hatte ich mein halbes Leben lang Angst.“

Sie sitzt nun weinend und gebückt vor ihm und wartet auf das große Erdbeben. Doch es kommt nicht.

Er sitzt nur regungslos auf seinem Stuhl und glotzt geistesabwesend in die braune Brühe ihrer Kaffeetasse, die einsam auf dem Tisch steht. Dann schnauft er ein paar Mal tief durch. Er schnaufte nochmals tief durch. Nach einer langen Gedenkpause räuspert er sich kurz, schaut sie mit traurigem Blick an und sagt leise:

„Erzähl‘ weiter, das wird ja ned nach über zweitausend Jahren wieder mal eine unbefleggde Empfängnis gewesen sein!“

Er sitzt mit gesenktem Kopf ganz ruhig auf dem Küchenstuhl und hört ihr aufmerksam zu. Weil er nicht ausflippt, wird sie mutiger und will sich endlich die komplette Geschichte von der Seele reden.

„Tut mir wirklich leid, wenn ich dir damit jetzt wehtun muss, aber ich halte es nicht mehr aus und werde dir nun alles erzählen.“

Sie sehen sich beide mit Tränen in den Augen an. Margit kann sich nicht erinnern ihn jemals so traurig und niedergeschlagen gesehen zu haben (außer vielleicht, als er von allen 151 angeschriebenen Verlagen sein Manuskript abgelehnt zurück bekam).

„Hoffentlich hat er nicht mehr diese unheimlichen Kopfschmerzen“, denkt sie sich. Stockend und mit weinerlicher Stimme berichtet sie weiter.

„Weißt du noch, als wir vor etwa dreißig Jahren auf Kurtis Wahnsinnsparty waren? Da ist es passiert. Kurti hatte zu seiner Feier wie immer etwas Besonderes bieten wollen und hatte irgend so eine Droge besorgt. Wir waren ja alle ein wenig neugierig und schluckten dieses verdammte Zeug und sind deswegen kurz darauf bei Kurti im Wohnzimmer wie blöde herum getorkelt. Erinnerst du dich?“

„Na sicher, noch ziemlich genau. Ich hab' als Einziger keine von diesen Scheißpillen eing'worf'n, hab' nur ein paar Bierle gehabt, weswegen mich damals alle als Spielverderber beschimpft hatten."

„Ja, du warst deswegen sehr beleidigt und bist urplötzlich aufgestanden und heimgegangen. Ich aber bin noch ein Weilchen geblieben. Inzwischen hatte Kurti einen seiner Hardcore Filmchen in seinen Video-Recorder eingelegt und von da an ging die Party erst richtig los."

„Jetzt sag' bloß ned, dann habt ihr es miteinander getrieben?!"

„Naja, zuerst fing es eigentlich ganz harmlos an. Als erstes zogen wir alle unsere Oberteile aus und wirbelten sie durch die Luft."

Rudolpho wird ungeduldig.

„Bidde verschon mich mit den Einzelheiten und erzähl' mir nur des Wesentliche. Wer war's?"

Sie stockt und ihr Gesicht läuft feuerrot an.

„Du hast es doch inzwischen sicher erraten!"

„Nee, jetzt sag's mir endlich!"

Nach einer langen Pause haucht sie:

„Kurti."

„Nee, sag, dass das ned stimmt!"

„Doch, genauso ist es!"

Entsetzt plärrt er:

„Spitzenhammer!"

Sie fährt fort:

„Als ich nach ein paar Wochen merkte, dass ich schwanger war, meinte ich, sterben zu müssen. Da uns der Arzt damals vorher bestätigte, dass du nicht zeugungsfähig bist, wusste ich nicht, wie ich es dir beibringen sollte. Da erfand ich in die Notlüge, dass es mit uns beiden wohl doch noch geklappt hat."

Während sie weitererzählt, räumt sie vor Nervosität die Reste des noch intakten Frühstückgeschirres in die Spülmaschine und kehrt den Abfall mit einer kleinen Schaufel und einem Handbesen auf. Klirrend fällt der Schrott in den Abfallbehälter. Stumm und in seinen Gedanken versunken sieht Rudolpho ihr zu. Sie holt zwei Gläser aus dem lädierten Küchenschrank und schenkt jedem ein Glas Mineralwasser ein. Beide trinken einen Schluck.

„Du glaubtest damals an den Zufall und ich wollte weiterhin nur mit dir zusammenbleiben, weswegen ich mich nie traute, dir etwas zu sagen."

„Irgendwie hab' ich das doch gespürt, hab' mir aber nie was anmerken lassen. Ich versteh' aber trotzdem ned, warum du mir nix von Alexanders Brief erzählt hast."

„Ich hatte schreckliche Gewissensbisse deswegen und wollte es euch doch sagen. Du erinnerst dich an das Fußballspiel, kurz bevor Kurti ermordet wurde?"

Sie fängt wieder an zu weinen. Rudolpho kann ihre Tränen nicht ertragen. Außerdem will er ihre Geschichte endlich komplett hören. Deswegen geht er zu ihr und will ihr mit einem versifften Spültuch die Tränen abwischen. Sie dreht den Kopf weg und muss kurz lächeln, weil ihr Messie übersieht, dass noch Essensreste daran hängen.

„Ich hielt es einfach nicht mehr aus und wollte es euch beiden endlich erzählen. Als ich sah, dass du während der Halbzeitpause aus dem Haus gingst, lief ich mit dem Brief und dem Foto in der Hand zu Kurtis Wohnung. Ich wollte ihn zuerst einweihen, da er ja der Erzeuger ist und hoffte, dass er mir hilft, dir das Ganze schonendst beizubringen."

„Wusste Kurdi, dass er der Vadder ist?"

„Nein! Er hat es auch nie erfahren, weil sich dieser Hut-Dingsda plötzlich von hinten anschlich und auf uns losging. Ich erkannte diese grässliche Fratze sofort. Vor Schreck rannte ich aus der Wohnung und versteckte mich schräg gegenüber hinter einem großen Auto.

Von dort aus sah ich, wie der Schwarzhaarige aus dem Haus stürmte und war zuerst wie gelähmt. Dann fasste ich mir ein Herz und wollte zurück in Kurtis Wohnung, um nachzusehen, was passiert ist. Gerade wollte ich aus meiner Deckung, da kamst du mit dem Bier in der Hand und gingst in's Haus. Ich wusste vor Aufregung nicht, was ich machen sollte. Kurz darauf kam die Polizei angefahren und kurz darauf noch andere Fahrzeuge. Inzwischen hatten sich auch ein paar Gaffer versammelt. Ich beobachtete aus der Entfernung, wie du eine ganze Weile später mit den Kriminalbeamten herauskamst und mit ihnen mitfuhrst. Mir wurde erst später bewusst, dass ich das Foto von Alexander und seiner zukünftigen Frau in Kurtis Wohnzimmer vergessen hatte, doch das machte mir in dem Augenblick weniger Sorgen. Ich hatte nur schreckliche Angst in unsere Wohnung zurückzugehen, weil ich nicht wusste, ob nicht doch der Gangster drinnen wartet und so flüchtete ich in den Park am Spielplatz an der Stadtmauer.

Da ich dich telefonisch nicht erreichen konnte, übernachtete ich auf der harten Holzbank im Park, obwohl ich auch dort furchtbare Angst hatte. Ich zitterte und wusste nicht, ob vor Aufregung, oder ob es die Kälte war und deckte mich mit alten Zeitungen zu. Als dann ein stark alkoholisierter Gammler auf mich zukam und mich fragte, ob ich mit ihm schlafen will, weil ich in seinem Bettchen liege, bin ich rasend wie ein Schnellboot losgerannt und umhergeirrt. Das war die schlimmste Nacht in meinem Leben. Den Rest kennst du ja."

Er hat inzwischen seinen Stuhl neben ihren geschoben und legt seinen Arm um sie. Die nächsten zwei Minuten hört man nur den Wasserhahn an der Spüle tropfen. Während dieser Stille traut sie sich nicht, ihm in's Gesicht zu schauen. Aber dann hält sie diese Grabesruhe nicht mehr aus und fragt ihn schluchzend:

„Kannst du mir irgendwann einmal verzeihen… und… und... was wird nun aus uns?"

Er schaut sie mit großen Augen an und gibt ihr einen Kuss auf die Wange, an der sich gerade wieder ein großes Tränchen seinen Weg bahnt. Nach einer weiteren Gedenkminute hält auch er es nicht mehr aus.

„Weisd' was - freilich bin ich geschockt. Und glaub's mir, es lässt mich ned kalt."

Nach einer erneuten Denkpause spricht er weiter:

„Auf der ander'n Seite, überleg doch mal. Wie lang' werden wir zwei uns noch auf die Nerv'n geh'n, uns streiten, uns wieder vertragen und uns am Ende doch wieder gern hab'n? Wie lang in unser'm Alter ist es uns zwei noch vergönnt? Ist es ein Jahr? Sind es vielleichd zehn Jahre? Wenn's gut geht, sind's vielleicht noch zwanzig Jahre? Warum zum Teufel nochmal sollen mir uns do gegenseitig bis zur Demenz Vorwürfe machen? Ich weiß ja, dass ich auch unzählige Fehler und Macken hab' und es hat mich schon immer gewundert, dass du es überhaubt so lang mit mir und meinen Ticks und Ausrastern ausgehalten hast."

Margit guckt ihn nur stumm an. Sie erkennt ihren Rudolpho nicht wieder.

„Ich versprech dir, dass ich in Zukunft ein bisserl ruhiger, ordentlicher und nimmer so furchtbar kreadiv sein werd'."

Sie ist vollkommen überrascht, mit welcher Ruhe ihr Rudolpho mit ihr spricht, ohne in die Luft zu gehen. Er sieht, wie sie ihn erwartungsvoll anhimmelt und keinen Ton herausbringt. Nach einer kleinen Pause fährt er fort:

„Mir waren doch immer ein gutes Diem, wenn's drauf angekommen ist, trotz unserer ständigen Frotzeleien, und warum soll sich des in Zukunft ändern? Nee, doch ned für Rudolpho und seinem Margidle!"

Dabei lächelt er sie an und wischt ihr mit Küchenpapier ihre letzten Tränen von der geröteten Backe.

„Ich schlag‘ vor, wir verdauen das Ganze bei einem guten Middagessen und fahren dazu nach Randersacker in den Spielberg und heb’n dazu ein oder zwei Schöppli Ewig Leben.“

„Wenn du meinst, dass das hilft“, sagt sie mit einem befreiten Lächeln und drückt ihm einen dicken Kuss auf seine Lippen.

Es gibt eine Menge Gesprächsstoff und so werden es eine Menge Ewig-Leben-Schöppchen. Die beiden sind an diesem Abend die letzten Gäste im Lokal. Der Wirt kassiert vorsichtshalber Rudolphos Autoschlüssel ein und ruft für die beiden ein Taxi für die Heimfahrt nach Heidingsfeld, das nun große Aussichten hat, wieder ruhig und idyllisch zu werden.

Als Rudolpho aus dem Taxi aussteigt, hat er einen Augenblick lang das Gefühl, dass ihm der Vollmond über ihrem Häuschen in der Lehmgrubensiedlung wohlwollend zublinzelt. Und den Tauben, die schon längst in ihren Nestern liegen, ruft er zu:

„Wehe, ihr Sauviecher lasst uns morgen früh ned ausschlafen. Sonst betätige ich meine Steinschleuder. Ich hab’ heut‘ fei eine Menge Zielwasser ‘trunken!“

(So etwas wie ein) Epilog (oder Ende gut... ?)

Rudolpho und Margit sitzen in den bequemen beigen Ledersitzen ihres metallic-schwarzen Phaeton, während der Wind durch das offene Schiebedach ihre Haare zerzaust.

Er erinnert sich gerade, als er diese Luxuslimousine vor ein paar Wochen aus dem Showroom des Autohauses heraus kaufte und dem Chef die Tausender auf den Bürotisch knallte. Dabei erfuhr er, dass der junge Mann, der ihn damals so nett bediente, gleich nach der ersten Begegnung mit Rudolpho aus unerklärlichen Gründen in den Süden ausgewandert ist. Rudolpho bemerkte dazu nur:

„Naja, die Jugend zieht‘s halt immer gern in die Ferne.“

Die beiden Alten fahren direkt auf die rote Abendsonne zu und das sommerlich warme Lüftchen des Fahrtwindes, das durch das geöffnete Luxus-Glasschiebedach strömt, umschmeichelt zart ihre Gesichter.

„Schatz, ist das nicht himmlisch?“

„Nee Schatz, ned himmlisch, das is‘ göttlich!“

Schon lange wollten sie wieder einmal an den Gardasee nach Limone, wo sie früher immer so wunderschöne Urlaube verbracht haben.

„Das werden wir jetzt öfters machen, solang‘ mir noch können.“

„Liebling, hast du deine neueste Erfindung dabei?“

„Freilich mein Däuble, des Reiseloch hab’ ich mid g‘nommen!“

„Prima, dann können wir es im Hotel gleich ausprobieren.“

Wegen der mangelhaften Hygiene in den Hoteltoiletten sind beide immer sehr empfindlich. Daher hat er eine zusammenklappbare Reiseklobrille gebastelt, die man einfach auf die Klobrillen des Hotels auflegt und man somit mit seinem Allerwertesten nicht auf die werweißvonwem bakteriell verseuchte Sitzflächen setzen muss. Zusammengeklappt passt sie in eine unauffällige Einkaufstüte. So kann man sie unbemerkt in's Hotelzimmer schmuggeln (die Idee kam ihm übrigens schon damals, als er Brillenverkäufer war). Zum Säubern passt das zusammengeklappte Teil sogar in eine handelsübliche Spülmaschine.

Auch den schicken großen Wagen können sie sich nun leisten. Rudolpho hat seine Geschichte *Die Todesmaschine* als Buch herausgebracht. Dieses und auch sein zweites Werk *Wie einem Hausverbote am Arsch vorbeigehen* wurden Bestseller.

Er rechnet auch aus, dass er mindestens die nächsten dreiundfünfzig Jahre mit dem Schreiben beschäftigt ist, um alle seine Ideen in Buchform veröffentlichen zu können. Mit großer Leidenschaft arbeitet er auch schon an seinem dritten Werk. Es hat den Titel *Eine Hand voll Kugeln für lästige Vögel*, ein siebenhundert-seitiger Gedichtband.

Als Bonus für Sie, liebe Leser, hier ein kostenloser minimaler Auszug:

Taubenterror

Terrortaube, fliegt in's Nest,
wo sie sich besser schießen lässt.
Und dass ich keine Zeit vergeuder,
hole ich die Gummischleuder.
In der Luft die Steine surren,
das Mistviech hört nun auf zu gurren.

123271 Vorbestellungen liegen dem Verlag schon vor.

Auch an einer fränkischen Version des Bestsellers von *Hunde, wollt ihr ewig leben?* arbeitet er momentan. Der Titel heißt nun *Hünd, verreggd'er no'ned bald?*

Natürlich hat er sich als Schriftsteller auch ein Pseudonym zugelegt. Ein Bestsellerautor heißt nicht Rudolpho Schmitt. Da er mütterlicherseits eine Affinität zu Italien hat, legt er sich den mediterranen Künstlernamen *Rudolpho Schmitto* zu.

So faulenzen sie nun beide auf der Sonnenliege neben dem Pool des Fünfsterne-Luxus-Hotels. Ein dunkelhäutiger Kellner in Dienstuniform stellt zwei rötliche Gesöffe, dekoriert mit Zitronenschalen und blauen Schirmchen, auf den Beistelltisch neben sie und reicht Rudolpho ein Bündel Zeitungen.

„Senior Il tuo quotidiano Giornale, per favor", sagt er.

Rudolpho guckt auf den Lesestoff und entgegnet staubtrocken:

„Ich versteh' dein Makkaroni-Kauderwelsch zwar ned, is' aber auch Wurschd, bassd schon."

Tänzelnd verschwindet der dunkelhäutige Bedienstete. Rudolpho setzt seine goldumrandete Lesebrille auf und beginnt die Zeitungen durchzublättern. Dabei stößt er auf einen äußerst merkwürdigen Zwischenfall, den die deutsche Ausgabe der Gardaseezeitung berichtet. Ein junger Mann war in Limone verunglückt. Angeblich ein deutscher Autoverkäufer, der erst vor kurzem hier einwanderte. Touristen mit einem Feldstecher beobachteten, dass er mitten auf den See geschwommen und dort von einem Strudel in die Tiefe gerissen worden sein soll. Vorher soll er laut Augenzeugenberichten völlig aufgelöst und schreiend in eine Bar gerannt sein und zehn doppelte Grappa auf Ex in sich hineingeschüttet haben, wobei er ständig laut plärrte:

„Hilfe, hilfe, ein Gespenst, bringt euch in Sicherheit, ich habe ihn gesehen. Hilfe, dieser irre Teufel ist mit einem schwarzem Phaeton hier, rettet mich, so helft mir doch, so helft mir doch ..."

Rudolpho schüttelt den Kopf und grinst diabolisch.

„Ich hab‘s ja schon immer gesagt, dass die Auto-Hanswürschd alle einen Badscher haben und durchgeknallt sind.“

Margit ist glücklich, dass ihr Gatte durch den Buch-Erfolg viel ausgeglichener und ruhiger geworden ist und ihr jeden Wunsch von den Augen abliest. Er hat ihr sogar ein kleines Hündchen gekauft. Es wurde so etwas wie ihr Ersatzkind und vor allen Dingen von Rudolpho furchtbar verwöhnt. Wenn er bellt (der Hund), sieht sein wuscheliges Gesicht aus wie eine Kreuzung zwischen Keith Richards nach einem LSD-Trip und Olli Kahn nach einem nicht gehaltenen Elfmeter. Das Ganze als Bonsai-Hund. Weil er so putzig ist, nennen sie ihn liebevoll *Titan*. So sitzt Rudolpho glücklich und zufrieden in seinem Liegestuhl in der Sonne Italiens, streichelt das wuschelige Fell von dem Hundli und macht sich dabei mit der linken Hand eifrig Notizen zu seinem neuen Kriminalroman *Titan und der fiese Holzbock* in den Stenoblock auf seinem Bauch.

Ob Margit immer noch so glücklich neben ihm säße, wenn sie ahnen würde, welche neue Abenteuer-Ideen Rudolpho gerade durch seinen Kopf rauschen?

Nachwort

Herzlichen Dank allen, die mich unterstützt und ermutigt haben, das Buch trotz meiner Bedenken herauszubringen.

Vielen Dank meiner Lektorin und Zeichnerin Claudia Barthelmes, die dieses fantastische Buch-Cover entworfen und gezeichnet hat. Zusammen haben wir die *HosentaschenUnterhaltung* im Jahr 2015 als monatlichen Flyer und im Jahr 2016 als Buch herausgebracht. Wir sind beide in der Würzburger Autorengruppe *die federWeisen* aktiv.

In unserer Autorengruppe habe ich vieles gelernt, viel Zuspruch erhalten und bin stolz, Mitglied dieser Gruppe sein zu dürfen. Herzlichen Dank unserer Ehren-Moderatorin und Verlegerin Eva Buchen, die mir mit dem Rudolpho sehr weitergeholfen hat. Vielen Dank dem ehemaligen Moderator der *federWeisen* Stephan Drehmann, der, obwohl er gebürtiger Saarländer ist, den fränkischen Irrsinn gelesen hat.

Vielen Dank Herrn Daniel Bieter, dem Verleger des Rediroma-Verlages, ohne dessen Hilfe so ein irres Werk wahrscheinlich nie gedruckt worden wäre.

Vor allem danke ich **meiner lieben Frau Helga**, die mich Kindskopf mitsamt meinem kreativen Irrsinn jeden Tag erträgt. **Ihr widme ich diesen ersten Rudolpho-Band** (sie ist übrigens der Meinung, ich erinnere sie manchmal an Rudolpho. Aber sind wir nicht alle ein wenig Rudolpho?)!

Weitere Bücher des Autors:

Schwere-Los

Biografischer Roman
Der Autor erzählt eindrucksvoll das Leben und Sterben seines Vaters, der im 2. Weltkrieg Flugzeugführer war.

Mit Tabellenanhang der Ereignisse 1937-1945
und vielen bisher unveröffentlichten s/w-Fotos
Erschienen 2014 im Rediroma-Verlag
ISBN: 978-3-86870-607-9

HosentaschenUnterhaltung

Irre Geschichten und Gedichte mit zahlreichen humorvollen Zeichnungen von Claudia Barthelmes.

Vorsicht: Nur für Leute mit Sinn für
Schwarz-Humor!

Mit preisgekröntem Comic auf 8 Farbseiten
Erschienen 2016 im Rediroma-Verlag
ISBN: 978-3-86870-953-7

Informationen unter der Autorenhomepage:
www.schwarz-feder.eu